大都會文化
METROPOLITAN CULTURE

大都會文化
METROPOLITAN CULTURE

大都會文化
METROPOLITAN CULTURE

大都會文化
METROPOLITAN CULTURE

你心裡的
魔鬼與天使
正向思考的力量

目錄

Part 1 心中的兩種聲音

Part 2 生命中的魔鬼與天使

目錄

Part-1

心中的兩種聲音

01．人者，心之器也

■小故事．大啟示■

國父孫中山先生說：「國者人之積，人者心之器」。

兩千多年前偉大的哲學家亞里斯多德曾說，他只要觀看一個人走路的樣子，即可知道這人心中所想是未來、現在、或者是過去。根據亞里斯多德的說法，他觀察到年輕人走路時多習慣向上看，表示心中所想著眼於未來。中年人走路時習慣向前看，表示心中所在意的是現在。而老年人走路時則多習慣往地上看，這代表他們心中所緬懷的總是過去的舊時光。由此可知人會根據內心所想，而將之不由自主地反應於外在身體的動作上，就是現在常聽人們所說的「身體語言」。無怪乎國父孫中山先生也曾說過「國者人之積，人者心之器」這樣的道理，意即——國家乃由人民所構成，而人是受到自己內心的想法所支配。

前些日子看了部電影《鐵娘子》，影片裡的英國首相柴契爾夫人曾說過一段頗有智慧的話：「小心你的想法，它會變成你的語言；小心你的語言，它會變成你的行為；小心你的行為，它會變成你的習慣；小心你的習慣，它會變成你的個性；小心你的個性，它會變成你的命運。」

是的，正如人們常說「個性決定命運」；殊不知，個性的起源，卻往往是來自於內心的一個想法。所以說「心」雖很抽象、看不見，卻大到可以包羅萬象。人的心可同時住著天使與魔鬼，包含人性的善與惡、光明與黑暗、可正亦可邪，套一個現在所流行的哏來說就是——好的心帶你上天堂，壞的心將帶你住進無間地獄的套房。

所謂「地獄」與「天堂」，並不一定指身後才能看見的那個世界，其實它同時存在於你心中。例如有些人處於現今高度競爭卻人心疏離的複雜社會中，日子過得並不快樂，每天感受到猶如置身地獄一般。如果你也覺得現今日子活來並不安生，那麼很希望藉由本書，透過筆者親身經歷或者是從友人處所聽來的故事，讓你看見故事中人物內在天使與魔鬼的對談、善良與邪惡的拔河。希望閱讀之後，你能明白如何與自己的內心對話，從而找到能使自己「安心」的生命智慧。唯有心安了，人才能在這紅塵濁世間安身立命，不論身處順境或逆境，皆猶如置身天堂。

話說回來，一般人身處順境或逆境時，心境上自然是大不相同的。不妨先來看看我的朋友「李中華」的故事。

兒時身處順境，計抓偷竊同學得意洋洋

我的友人李中華（化名）小時家境富裕，念小學四年級時每天父母都會給

他一百元當作零用錢。需知三十年前一張電影票才不過幾十塊錢，一百元對一個小朋友而言已是一筆很大數字的金錢。

俗話說「同名不同命」。當時李中華隔壁恰巧坐著一位跟他同名的同學，姓劉。這位劉中華同學家境很不好，由爺爺奶奶扶養。可能是父母皆不在身邊的緣故，他每天都穿著發酸發臭的制服來學校上課，鼻子還常年掛著兩管鼻涕，每當鼻涕快流到嘴巴時他總豪邁地用袖口一抹——這動作讓李中華看來深覺不可思議，甚至感到十分噁心。

話說有天李中華下課時想去福利社買東西，卻發現原本放在外套左邊口袋裡的一百元竟不翼而飛。當時他並未多想，只道是自己不小心掉了，自呼倒楣。但接下來的兩天，他口袋裡的一百元都莫名奇妙離奇地失蹤，且恰恰都是午休睡醒時才發現，這讓他不得不開始懷疑，錢是被坐在隔壁的劉中華同學趁他趴在桌上午睡時給偷走了。於是他做了個實驗，改把一百元放在外套右邊的口袋，果然如此一來，坐在他左手邊的劉中華因下手不易，致使那張百元大鈔仍安穩地躺在自己口袋裡。

跟我說故事的李中華說：「當時我氣到不行，只覺得自己和劉中華同名，真的很可恥。他的穿著和舉止噁心就算了，想不到居然還下流到敢偷我的錢，不給他一個教訓實在不行。」

於是他想到一個點子，準備活逮劉中華。

這天午休結束後的第一堂課，班導師才一進教室，他就舉手向老師檢舉，說是劉中華偷了他的錢。老師立刻要求劉中華把身上口袋裡的東西都掏出來，果然見到一張百元大鈔。此時偷竊者並不認罪，口口聲聲說那張鈔票是上學前他爺爺所給的。

李中華見狀便向老師說，自己的鈔票上已用鉛筆做了記號，於是班導拿起桌上的百元紙鈔仔細一瞧，果見鈔票偉人肖像上有三個小小的，鉛筆所寫的字——**抓到了**。

這下人贓俱獲，劉中華再也無從抵賴，只能俯首認罪。

後來老師不僅當著全班同學的面大大地訓斥了劉中華一番，另外又大大地褒揚李中華的機智，讚他能夠想出這麼聰明的方法來抓小偷。「當時你年紀這麼小，能想出這辦法抓到偷錢的人，的確很聰明。」故事聽到這我不禁笑說。

想不到李中華卻搖搖頭，苦笑地對我說：「或許，這是我一生之中所做過，回想起來會很後悔的事情之一。」

年少時身處逆境，將不義之財據為己有

國中時期的李中華家道中落，生意失敗的父親經常帶著一家人四處搬遷，過著躲避債主的日子。

好不容易高中畢業後，李中華考上一所普通的私立大學，從此開始過著半工半讀的艱苦生活。經過六年家境貧困的生活洗禮，看盡世態炎涼下父母為生

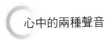

活而不得不卑躬屈膝的心酸與無奈，此時李中華早已不復小時那般意氣風發，根本澈底忘了很久以前，自己每天能領到一百元零用錢的那種優渥生活。生活抑鬱的他念大學後染上吸煙惡習，這無疑為原本手頭就不寬裕的他，額外地增加了一筆不小開銷。

「那時我在一家西餐廳打工，居然把客人捻熄在菸灰缸中，還剩一半長度的香菸給撿起來抽。」李中華苦笑。「有次不巧被一位女同事給撞見，從她眼神中我可以看得出來，她不僅深覺我的行為不可思議，也感到這麼做十分噁心。」

我聽得出李中華所說的意思，他覺得彼時那位女同事看他的心態，不正如他自己小時看不起劉中華那些骯髒小動作時，是如出一轍的反應嗎？而大二那年所發生的另一件事情，更令他對自己小時智抓小偷那件事，深感後悔與不安。

有天晚上李中華回到租屋處，卻在樓下大門口撿到一疊以橡皮筋綁套起來的鈔票，足足有兩萬元之多。當時他心中充滿掙扎，明知丟錢的人肯定很急，或許這還是一筆救命錢，自己絕不能占為己有。然而同時心中卻有另一個聲音在不住地誘惑著他：「有了這筆錢，下學期的學費就有著落，反正神不知鬼不覺，不拿的才是傻瓜。」

心中良知雖不斷地提醒他，這是一筆不屬於自己的不義之財，然而心中貪念也同時在告訴他，反正是掉錢的人自己不小心，不能怪他，當然不能放過這上天所賜與的「禮物」囉。

數年以來的困窘生活，養大他對金錢的貪慾，貪念終究蓋過了良知與道德，便引領著他把撿來的錢給據為己有。

人窮極一生都要與心對話，方能養出一副好心腸

那筆不義之財雖幫助李中華暫時解決一學期學費的燃眉之急，不過換來的卻是一輩子良心上的一個汙漬。他常想，是否可能因這起事件，而讓一個原本處於困境的人或者家庭，更為雪上加霜呢？

此外，他認為自己比起小時那位偷他錢的劉中華，更為下流與不堪。畢竟對方當時只是個不懂事的小學生，偷的是他的零用錢。而他，卻將別人可能有急用的一大筆錢給竊為己用。因此，李中華每每想起當年那件所謂「智擒小偷」的事情就很後悔。

他苦笑著問我：「我有一顆不好的心，對吧？」

我說：「每個人心中，本來就同時存在著天使與魔鬼。我想，人窮極一生都要與自己的心不斷對話，方能培養出一副好心腸。」

02．每個人心中的佛與魔

小故事．大啟示

心安，即佛。心不安，即魔。

有個佛與魔的故事，是這麼說的。

有位出名的畫家近來十分苦惱，因為他想畫出「佛」與「魔」真正的樣子來，不過因他從未真正見過佛與魔的原型，所以一直苦於不知該如何下筆才好。

有一天畫家來到一座寺廟參拜，無意間見廟中一位和尚，身上有股「佛」的氣質深深地吸引他。畫家欣喜若狂，認為這位和尚就是他作畫時所需臨摹的模特兒。

於是他重金禮聘這位和尚到家中給他當模特兒，終於將佛的樣子給畫下來。

這幅「佛之畫」公諸於世之後感動無數人，也造成轟動，畫家從此便被人們尊稱為「畫聖」。對此他十分得意，逢人便說自己有識人之明，說他早看出給自己當模特兒的那和尚，身上有股清明安祥的氣質，若將之畫出來必有佛之光輝。事實證明，這幅畫作果然感動無數人心。

事情還沒完，因畫家還未將魔真正的樣子給畫出來。雖然他祭出重金，找了很多外貌兇狠暴戾的人來給他瞧，卻沒有任何一人能令他感到滿意。

很久以後，他終於在探訪監獄時看見一個犯人，這人令他感到既顫慄又驚喜。顫慄的是這犯人實在長得太像魔了，而驚喜的自是他終於找到能夠畫出「魔之畫」的模特兒。於是徵得獄方同意後，畫家和這名長得很像魔的犯人便面對面地坐下來，準備開始作畫。想不到這時，犯人卻哭了。

犯人哭問畫家：「為什麼？為什麼你畫佛的時候找的是我，現在畫魔，找的還是我？是你，就是你把我從佛變成了魔。」

畫家大驚之下仔細一瞧，果見眼前這人的身形樣貌，依稀真和昔日那名畫佛時所找的模特兒和尚有幾分相似。一問之下，才得知當時和尚得了畫家給他的一大筆錢之後十分高興，索性還俗，從此開始過起吃喝嫖賭、酒色財氣的糜爛生活。等錢花光之後，他早已回不去原本清修的生活，於是為了錢他便開始偷拐搶騙，甚至還因此傷了數條人命，終被逮捕入獄。

畫家仔細一想，十分感慨，的確是自己把這人害成現今這模樣的呀。於是他封了筆，從此不再作畫，因此「魔之畫」便再也無緣面世。

就算被騙，這兩百塊錢還是要給

我有個朋友小芳，為人十分謹慎且富有正義感，她生平最討厭的人之一就是騙子。小芳只要見到新聞上有詐騙集團騙光老人家辛苦積攢一輩子的積蓄，就會對著電視機破口大罵。當然，除了痛罵那些詐騙集團的成員良心被狗吃了之外，對於那些被騙的老人家她心疼之餘，也會忍不住地責備一下他們怎會如此不小心，難道平時沒看電視所播出的防騙宣導嗎？

有這種個性的小芳當然不會騙人，更厭惡被騙，加上她骨子裡那種莫名奇妙的正義感能量，造成有時若跟她一起出門，難免會碰到一些尷尬場面。

比如有一次我們一起在車站附近逛街，碰到一個來推銷東西的男學生，說是請我們支持學生以自己創意所做出來的作品云云。其實在電視上曾看過新聞報導，這類學生推銷多半是假的，那些產品其實是有特定公司提供，並非真出自學生之手。

通常我遇見這類推銷，大多會面帶微笑，意志堅定地搖頭揮手表示不買，事情就算過去了，小芳卻不是。她除了以言語大聲地說出「你這種騙人的東西，『我們』不會買」諸如此類措辭強硬且還把我給拖下水的聲明外，還會苦口婆心地勸誡那人，說些「不要年紀輕輕就學會騙人，就算要打工賺錢，也要去找正當工作」之類的話。

眼見小芳口沫橫飛，愈說愈帶勁兒，全沒顧慮到那男學生的臉早已成了醬紅豬肝色，而我臉上也是三條線，氣氛簡直尷尬到一個不行。最後竟是那男學生惱羞成怒地大吼一句「不買就不買，囉唆什麼」之後轉頭離去，才終於結束小芳的長篇訓詞。不過那男學生的叫吼實在太大聲了，惹得周遭路人不禁頻頻地向我們這邊探來，好奇究竟是發生了啥事。於是滿臉尷尬的我只好低頭，拉著小芳快步離開，不過耳中猶聽見她大小姐仍兀自喋喋不休，滿嘴「現在年輕人，真是太不像話」之類的叨唸。

還有一次在夜市，小芳於三、四公尺外看見有位坐輪椅賣口香糖的先生，居然在大庭廣眾下遙指那位先生跟我說：「我在電視上看過他，騙人的，他根本不是殘障，能走路。」由於小芳音量不低，估計那位坐輪椅的先生應是聽見了，只見他橫眉豎眼地瞪著我們，好似真會從輪椅上站起來把我們痛打一頓一般，嚇得我急忙拉著小芳，趕緊往另一個方向快步離去。

雖說小芳經常做出一如上述那種會令我既尷尬又驚嚇的舉動，然而事實上我心裡卻是很佩服她的。因我知道大部分人即使遇見這類騙人的不義之事，也會和我一樣，選擇默不吭聲，只求自己不要被騙，明哲保身便好。一般人是絕不可能像小芳那樣，能這麼理直氣壯地直指對方之非，所以令我心生敬佩。（要提醒讀者朋友，想挺身「維護正義」之前，還是應先顧慮好自己的人身安全。）

有一回小芳又做了件令人跌破眼鏡的事，事情是這樣子的。

一天我和小芳在公車站等公車，有位肩負空扁擔的老婆婆向我們走來，表示要跟我們借一百塊錢。老婆婆說她是從外地來附近市場賣自己所種的菜，想不到菜賣完了，賣菜所賺來的錢卻丟了，因此需借錢坐車回家。

若碰到這類意圖借車錢回家的人，小芳一向多會視之為騙子，不僅不借，恐怕還會當場曉以大義一番。這回小芳多看老婆婆兩眼，居然從錢包掏出兩百塊錢給她，令我當場傻眼。此時老婆婆表示希望留下聯絡方式，日後好奉還這兩百塊錢，小芳表示不用，老婆婆這才再三道謝，然後負著扁擔離開。

我忍不住問小芳：「電視上報導過很多這類騙人的新聞，一向最討厭被騙的妳，為什麼還要給老婆婆錢呢？」

小芳回了我一句話：「就算被騙，這兩百塊錢還是要給的啦。」

不為別的，只求心安理得而已

根據小芳的說法，其實她要給老婆婆兩百塊錢之前，心中也是一番天人交戰。長期盤據在心中的想法告訴她：「又是一個裝可憐想要騙我錢的人，千萬不要上當。怎麼這把年紀了還四處騙人，真是為老不尊。」

可興許是老婆婆的眼神，又或者是她的語氣，讓小芳心中開始有了另一絲細微的聲音冒出來：「萬一老婆婆所說的是真的呢？她要是為了借錢在街頭徘徊，一不小心出了什麼意外，自己能心安嗎？」

最後小芳歎了口氣地說：「哪怕被騙也只好算了，不然我實在沒辦法心安理得地離開，反正不過是兩百塊錢而已。」

小芳所說的「心安理得」這四字，讓我思索許久，也讓我對於懷疑別人這件事情，有了另外的想法。

心安即佛，心不安即魔

這世間如同每個人的心一樣，佛魔並存，有好人，自然也有壞人存在。或許長期以來因接受太多負面資訊所致，所以人們漸漸地開始懷疑起周遭人，總認為騙子無處不在。畢竟多數人一向不喜歡那種「付出愛心卻被坑騙」的感覺。

其實「猜疑」雖說有時是為了保護自己，畢竟仍屬較為負面的心態。一個人究竟要如何自處，才能在保護自己不受傷害的同時，又能將猜疑他人之心減到最低？我想答案就如小芳所說的那四個字——「心安理得」。

一件事做與不做之間，心中的佛與魔交戰之際，你所能衡量抉擇的，就是自己能不能心安理得罷了。

心安，即佛。心不安，即魔。

正如一開始故事中的那位和尚，他為享樂而決定還俗的同時，如心中有一絲不安，覺得愧對佛祖，卻仍執意如此，那麼他的行為便是墮入魔道的開始。不是嗎？

03・人人有個靈山塔

小故事・大啟示

佛在靈山莫遠求，靈山就在汝心頭；人人有個靈山塔，好向靈山塔下修。

另外一個佛與魔的故事，是這麼說的。

有一天魔來佛的住處拜訪，請佛的弟子代為通報。佛的弟子十分不情願，便對他所憎惡的魔說：「你怎麼有臉來呢？像你這樣壞的傢伙，佛是不會見你的，因為你是祂的敵人。」

想不到魔聽了之後卻哈哈大笑：「你是說，你的師尊告訴過你，祂有敵人嗎？

這倒新鮮。」

佛的弟子自知佛從未說過祂有敵人這回事，無奈之餘，只好進去向佛通報魔的來訪。但他還是存有期盼，私心希望佛壓根就不會想要接見魔。

佛聽見魔的來訪通報以後卻顯得很開心，立刻起身親自去迎接魔。佛見到魔之後先是鞠了個躬，然後親切地握住魔的手問：「近來可好，事事順利嗎？」

魔的臉色沉重並未答話。

佛見了，連忙請魔入內坐下，並請弟子去準備茶水好款待客人。

佛的弟子一邊泡茶一邊生氣，他樂於為佛泡茶，就算要泡上千次萬次他也不埋怨，可要他為魔泡茶，心中可是千萬個不願意呢。儘管如此，終究師命難違，於是他只好在泡茶的同時豎起耳朵，想仔細地聽聽魔這大壞蛋，究竟是要說些什麼。

只聽見佛很親切地問了魔：「近來可好，事事都順利嗎？」

魔這回歎了口氣，搖搖頭地說：「我最近過得很糟，什麼事都不順利，煩死了。我已不想再當魔了。」

佛聽完魔的話後似頗有同感，連連點頭。

佛的弟子聽到這裡頗為心驚，怎麼佛和魔也有心煩的時候嗎？於是他奉上茶水給佛與魔之後便立於一旁，繼續聆聽著他們的對話。

魔喝了口茶潤喉之後開始認真地向佛抱怨起來：「你不知道，當魔真是很不容易啊。比如說話的時候總不能開門見山，必須得拐彎抹角用盡心機；做任何事情時也不能正大光明，處處都要顯得很狡猾、很壞的樣子才行，我真是受夠了這一切。尤其我那些弟子，明明就入了我的魔道，嘴上卻成天嚷著公平正義、善良愛心、和平非暴力什麼的，真是快被他們給煩死了。所以決定把我那些弟子都交給你，我想轉行，不要再當魔了。」說到這兒魔笑了一下，看著佛說：「或許，我來當佛，是一個不錯的選擇。」

佛的弟子一聽簡直嚇壞了，萬一佛答應了魔的請求，從此佛成了魔，魔成了佛，豈不世界大亂？這可怎麼得了！

而佛，祂只是專心地傾聽魔的訴苦，充滿慈悲。最後祂用一種很平靜的語氣對魔說：「如果你想當佛，那麼我必須要讓你知道，當佛也不見得是件容易又快樂的事情。你知道我那些弟子都背著我幹了些什麼嗎？他們把明明不是我所說過的話，硬塞到我嘴裡。他們蓋起無數寺廟、宮壇，把我的塑像供在裡面，為的只是從信徒手中獲取自己的私利，甚至把我的教義包裝之後化作交易。我想如果你知道這些事實的真相以後，就再也不會想當佛了。」

魔聽了佛的話之後知道佛也有其難處，慨然長歎一聲便告辭離去。

再良善的人，也有受到心魔引誘之時

我始終相信這世上，善良的人肯定比邪惡的人要多很多。不過正因為每個人心中同時皆有天使與魔鬼的存在，所以即使再善良的人，也不免會因受到心中魔鬼的引誘，而有意志不堅產生動搖的時刻。

比如之前所提到的友人小芳，她為人熱心又雞婆，還超有正義感，不能說她不是個好人。可當她面對一個極有可能真需要他人伸出援手幫助的老婆婆時，因受了社會詐騙成習不良環境的影響，不免會收斂起原本人皆有之的悲憫之心，於心魔的教唆下打算對可憐的老婆婆來個視若無睹，不予理會。此外，現今社會多數人如遇上他人發生車禍或有其他意外事故時，基於怕惹麻煩，往往選擇冷漠以對，讓一些或許可能還有機會救活的生命不幸消逝，都是一樣的道理。這些看似冷漠的人，本質上都不是壞人，只是受了環境影響，良善之心一時被心中之魔所矇蔽而已。

又如前文所提過的友人李中華，他這輩子從沒想過要去害人，甚至現在的他每個月還會捐錢給慈濟或是世界展望會等慈善團體，所以當然算是個好人。可是在年少時，他還是不免因受到環境貧困的影響，在心魔的引誘下占據一筆不義之財，導致他清白的人生中，留下一個永遠不安的遺憾。

由以上這些例子可更加確定，人的行為的確由心主導，可怕的是，人的心中同時住著天使（佛）與魔鬼，讓人往往一個不察就跟隨魔的腳步，做出一些讓自己良心不能夠「安」的事情來。

說到這兒，不得不再提一下前些日子所看的電影《鐵娘子》，片中的主人翁──英國首相柴契爾夫人所曾說過的一句話：「**現在的人太重感覺，開口閉口都是我感覺怎樣，卻忘了，應該要『思考』，才能做出正確決定。**」

這話真是深得吾心。的確，現今多數人很多時候多僅憑感覺，就下了行動的決定。其實唯有經過思考；就是一種「與自己的心有了對話之後再去做」的內在過程，方能降低自己做錯事的可能性。這呼應了之前所提過的一句話：「人窮極一生都要與自己的心不斷對話，方能培養出一副好心腸。」

人人有個靈山塔，好向靈山塔下修

相信看了開頭的故事後，你大抵能明白當佛不易，其實當魔也很累。如今這世上，當個心中有佛亦有魔的凡人，得時時面臨心中善惡的不斷征伐，相信並不是一件輕鬆的事情。可正因如此，才更要不斷地修行，好讓心中的佛性能戰勝魔性。之所以這麼做的原因不見得是想成佛，或是期盼來世投胎能投個好人家，而是為了這輩子能活得「心安」而已。

如果有人問：「人生什麼最重要？」這個答案應該五花八門，因人而異。但只要是正常人都無可否認，人生最重要的無非就是「幸福快樂」。

可或許連「幸福快樂」的定義也有可能因人而異，但凡想要「幸福快樂」者，有個非常重要的前提是肯定的，那就是一定要「心安」。

道理很簡單，一個人即使擁有萬貫家財，嬌妻美妾，錦衣玉食，代步高級賓士，只要他的心不安，便無法真正體會到幸福和快樂究竟是何種滋味。

所以說人生在世唯有透過修行（修身養性）以求得心安，方能擁有幸福快樂的一生。「修行」二字看似深奧且窒礙難行，其實不然，也不假外苦求，說明白點就是修自己的一顆心。佛家說：「佛在靈山莫遠求，靈山就在汝心頭；人人有個靈山塔，好向靈山塔下修。」

靈山塔，指的就是你的心，透過不斷與自己的內心對話，離心中的佛近一點，讓心中的魔安分一些，自然待人處世就不會太偏離正軌，心就能愈來愈趨向「安」的境界。而這，就是一種修行。

環境可以是心魔滋長的催化劑，也可以是防腐劑

不可諱言，環境對一個人的影響實在很大，不論好的還是壞的環境。畢竟只是凡人罷了，雖心中有佛，但魔亦在一旁虎視眈眈，不斷想要引誘人們向下沉淪。故很多做錯事情的人總說：「今天我之所以會這樣，都是被環境所害。」

真是這樣嗎？事實上並不完全如此。環境於人而言的確會有重大影響——好環境能帶給人們不好的影響；反過來說不好的環境，也有可能帶給人們好的影響。其中關鍵，其實就是取決於自己的心而已。

環境，可以是人心中之魔滋長的催化劑，同樣也可以是防腐劑。接下來，就來看看阿坤與阿賢的故事。

04．一念黑暗，身處天堂也將墜跌

■小故事．大啟示■

你在白晝尋找光明，就像已成佛卻還在拜佛。

有個一心向佛的人，整天都在白晝時四處尋找光明，他試盡各種方法都找尋不到光明，於是便去問佛：「我為什麼就是找不到光明呢？」

佛笑著對他說：「那麼你去黑暗中尋找光明試試。」

那人試了之後又跑去問佛：「黑暗就是黑暗，我在黑暗之中還是找不到光明。」

佛笑了，說：「你在白晝尋找光明，就像已經成佛了卻還在拜佛。而你在黑暗中尋找的只是一種想像，如果要找光明，當然只有在光明的地方才能找得到。」

那人聽了佛所說的話後感到迷惘，那麼你呢？

多數人期望自己能有一個光明的人生或未來，一生之中無論求學、就業、成家、參加競賽、學習才藝……等，無非是想透過種種努力，讓自己擁有一個可以預見的光明未來。但還是有少數人受了環境或他人影響，走偏人生的道路，步步趨向黑暗境地，終至幹下諸多錯事，不僅傷害他人同時也毀了自己，這實在可惜了這輩子出生為人的良好因緣。

從光明走向黑暗

有位朋友來家中拜訪，我們聊天時，電視機正在播報新聞。忽然間我那位朋友大喊：「天啊，電視機裡播報的新聞人物是我專科時期的同學耶。」

那則新聞是說某地有位黑道大哥，因長期以惡勢力涉入工程綁標，經常使用暴力手段威脅建設公司，索取不法利益。最後有家建設公司終於忍無可忍地向警方報案，於是該位黑道大哥及其手下小弟們便統統被逮，一網成擒。

我注視新聞畫面中，朋友口中所說的，他的那位專科同學，黑道大哥——阿坤，只見他個頭小小，和身後一串像肉粽般同時遭到逮捕的高大小弟比起來，實在不太像是他們的首腦大哥。轉而又見那些小弟被警方押解時，個個垂頭喪氣、不敢見人的模樣，與阿坤相比實有天壤之別。阿坤即便是手銬腳鐐在身，還是抬頭挺胸，滿臉不屑與暴戾的神色，於是我不得不相信，他的確是這夥小弟們的首領無疑。

這時朋友便開始述及他的專科同學——阿坤，從光明走向黑暗的人生故事。

阿坤家境優渥，家裡所從事的是當鋪生意。他開當鋪的爸爸交遊廣闊、背景複雜，雖說本身並非黑道，不過往來密切的朋友卻不少有黑道背景。或許是受了這些常來家中作客的叔伯輩所影響，他身上或多或少沾染了一些「江湖」

習氣。

我的朋友專科求學時期所就讀的班級男生很少，一班五十位同學只有十三位是男生。阿坤正是他的同學，對班上的男同學很好，除了經常請客吃飯外，若遇有同班同學被學長或校外人士欺負的話，他往往會出頭幫忙「討回來」。

「別看阿坤個頭小，只有號稱160的身高，打起架來可是超凶狠的。」我的朋友這麼描述他。

就因阿坤幹架凶狠，下手從不留情，所以大家全都不敢招惹他。有一回班上幾位同學正在冰店吃冰，有兩個不認識阿坤，不知死活的外校學生調戲隔壁桌的同校女生。其實他們只不過是多虧了女生幾句而已，卻讓阿坤無名火起，和那兩名外校學生起了衝突。

一旁同學皆勸阻阿坤算了，卻還是平息不了他的怒火。只見他高舉玻璃製的可樂瓶，毫不思索地就往其中一名外校學生的頭給狠狠砸下，令對方當場頭破血流、倒地不起。這一砸，讓他留下生平頭一條前科，並遭到校方退學處分。

「可樂玻璃瓶可是超硬的，阿坤居然拿來打人家的頭，而且瓶子都打破了。」現場目睹這一幕的朋友，回想起來，至今仍心有餘悸。

遭到阿坤打傷的同學受傷甚重，後來家裡花了很多錢才與對方達成和解，暫使他免於牢獄之災。可是自他遭退學處分以後卻反與黑道愈走愈近，後來乾脆加入幫派混跡江湖，進出監獄猶如自家廚房一般頻繁。

牢獄生活中的善惡心念拉扯

當時班上有位女同學小雅，是阿坤的女友。那年他雖遭退學，女友卻沒有因此而離開他，後來這對班對在小雅畢業之後終於修成正果，步入結婚禮堂。

可惜老婆的愛並沒能改變阿坤，讓他對自己暴戾的脾氣知所收斂。終有一次他在喝酒時因與鄰桌的客人互看不爽起了口角，居然掏出手槍朝餐廳天花板開了兩槍，這兩槍驚動警方，很快地就將他逮捕到案。那是阿坤第一次坐牢，罪名是違反槍砲彈藥刀械管制條例。當時，連同我朋友在內的幾名昔日同學都跟著小雅去獄中探視他。

會客時小雅發現老公臉上有明顯瘀青傷痕，阿坤解釋是因為獄中的前輩想要欺侮他，他才會出手反擊。

「人都在裡面了，脾氣怎也不收斂一點。你真是……」小雅的語氣聽來既疼惜又埋怨。

「人家都騎到頭上來了，不然教我怎麼辦？難道教我裝龜孫子啊？我可做不到。」面對老婆的怨懟，他仍一派桀驁、蠻不在乎的樣子。

那次面會以後，我的朋友就再也沒見過他了。後來倒是在幾年後的一次同學會上碰到小雅，才知道阿坤時時進出監獄，最近又因一起重傷害罪入獄服刑。

據小雅所說，阿坤其實待她很好、很疼惜，在她或家人面前，脾氣也算溫和。可不知為什麼，在面對所謂「外人」時，他的個性就會變得相當火爆。只要他自認為對方有一點點侵犯到他或者不尊重他，他就會猶如一隻尾巴著火的公牛般橫衝直撞，完全無法控制。

小雅還說，其實阿坤開始有了「牢獄」生涯，幾番進出後，不僅自己苦口婆心不斷地規勸，也曾受過義務至監獄服務，如牧師、宗教團體等輔導員的感化，而經常表示想走回正途。不過「善」與「惡」就如繩之兩端，阿坤被綁在中間一直不停地被拉扯。每當他起心動念想走回正途、退出江湖時，便又有底下的小弟拱他出頭，或是又遇見讓他不爽的事情，因而再度動刀動槍。就像人們常說的，他頗覺有種——人在江湖身不由己的感受。

「其實年輕時阿坤人還不錯，對朋友挺講義氣，也很聰明，成績蠻好。加上他家境優渥又是獨子，父母姐姐都很疼他，甚至後來還娶了像小雅這樣好的老婆，本該有個光明人生才對。想不到現在都中年了，居然還讓我在電視上見他被人上了腳鐐手銬押解的狼狽模樣。」

我聽得出來，友人對於昔日同學的黑暗未來，真是充滿感慨。

即使身處光明天堂，也會因一念之惡墜跌黑暗

我問過朋友，何以他同學阿坤的脾氣會這麼不好？朋友說他其實也不是很清楚，猜想或許是因阿坤個子不高而導致的自卑與不安全感，所以才會藉由「暴力」來增強自我肯定，應是一種自我防衛。

不知朋友的臆測是否正確，不過話說回來，阿坤的下場實在令人惋惜。從他出生開始，就比很多人擁有更多可邁向光明人生的條件，比如他的家境富裕；頭腦好，很會念書；家人很疼愛他等等。若僅因個子不高就令他自卑，而想藉由偏激暴力的手段來求得一份自尊，終致落得混跡黑幫，淪為階下囚的下場，豈不太可惜了上蒼所賜給他先天良好的因緣嗎？

聽完朋友所說，有關其同學阿坤的故事以後，深覺他就像是個在白晝四處尋求光明何在的人，只為了莫須有、想像中的「自尊」而墜跌至黑暗中，欲尋

05・一念光明，身處汙泥亦能不染

小故事・大啟示

人無法決定自己的出身，卻能決定以何種態度去過生活。

這世上有四種人，分別是由光明走向黑暗的人、由光明走向光明的人、由黑暗走向光明的人以及由黑暗走向黑暗的人。

由黑暗走向黑暗之人，他有可能出身不太好，也可能一輩子的命運都十分坎坷。這種人整天受到來自外在環境之人、事、物所影響，老覺得所遇非人、諸事不順、物質匱乏。於是他內心充滿恨意、憤怒、痛苦，對人生感到既悲傷又絕望。

佛偈有云：「欲知前世因，今生受者是，欲知來世果，今生做者是。」

由黑暗走向黑暗之人自然不能明白這佛偈的意義，他不知今生所受的諸般苦果，皆由前世所種下的惡因所致。這種人總將自己諸般不幸的原因推給他人或環境，任由自己對這世界的一切憎恨恣意增長，繼續不斷地種下自己與周遭人的惡因。這注定他不僅現下會身處黑暗，未來也將持續往黑暗之中走去的命運。

反之另外一種由黑暗走向光明的人，面對自己的不幸出身，以及人生的諸般不順時，他不僅沒有埋怨，反而能有足夠智慧去瞭解因果之間的道理。他明白與其以憎恨心去種下更多惡緣，倒不如用愛心跟慈悲心去面對生命中那些不對的人、不順的事以及不好的環境。因為，唯有種下好種子，才能結出好果實。這種人儘管當下的境遇看似黑暗，也會覺得猶如身處光明，因他明白不久之後，勢必會有一片光明未來在等著迎接他。

不幸出生在黑道世家的孩子

來家中聊天的友人跟我說了他同學阿坤的故事之後，接著又告訴我另一個有關他學弟阿賢的故事。

阿賢出身於一黑道世家，他爸爸從年輕時就在故鄉混流氓，還曾被送過綠島管訓。在阿賢家那純樸的鄉下地方，四周鄰里表面上好像都很敬畏他的爸爸，事實卻不是如此，他們私下都稱阿賢是「流氓子」，稱他媽媽為「流氓婆」，言語間總充滿不屑之意。

阿賢有個弟弟，是真正標準的「流氓子」。受父親所影響，他弟弟國中時期就開始混黑道，且還愈混愈「大尾」，在地方上算得上是一方之霸。有這種黑道父親和兄弟的阿賢，很令人意外的是，他居然常將「我最看不起的就是流氓」這句話給掛在嘴邊。

雖然他從未想過要當流氓，不過由於成長環境的影響，他身上也同阿坤一樣沾染江湖習氣。可是和阿坤不一樣的地方是：阿賢的脾氣很好，在學校那幾年，我那位朋友幾乎從未見過阿賢生氣。

「阿賢除了這點和阿坤不同外，還有其他不同處，像是：阿賢家裡很窮，不能與阿坤的家境相比。另外，阿賢腦袋不太靈光，不似阿坤會念書。」朋友又說。

阿賢的父親因長年跑路或蹲苦牢之故，很少在家，所以家中經濟皆靠務農的母親辛苦地種菜撐起，並撫養阿賢兄弟倆長大。這位辛勤一生的偉大母親既痛恨自己的先生不能浪子回頭，更為了小兒子從國中時期便誤入歧途，學他那沒用的父親去混幫派而心痛。所以，阿賢的媽幾乎將畢生希望，全寄託在他身上。

黑暗環境屢屢誘惑幸未沉淪

從小阿賢在被定義為「流氓子」那種為人所看不起的環境下成長，同時目睹母親一路走來的辛苦與心酸，所以他看不起流氓，對母親則十分孝順。在媽媽的期望下，向來不太會念書的他努力用功，好不容易終於吊車尾考取了專科學校。不過他在班上的成績老是敬陪末座，時常得參加補考才能夠過關。很有自知之明的他，知道自己並不是塊念書的料，所以老早就對人生有了其他規劃。

阿賢當然並非沒有迷惘過，畢竟是在那樣的家庭環境下成長。

有一回放假，在阿賢力邀之下，我的友人跟他回到故鄉家中作客。由於打工的關係，阿賢總是久久才能回家一趟，所以除了想念他的媽媽非常高興之外，就連他的弟弟也特別夥同兄弟們設宴為他及他所帶回家的朋友洗塵。

洗塵宴辦在一家普通的海產餐廳，席開兩桌，座上除了阿賢和我的朋友外，其他都是阿賢弟弟的手下以及不知從哪找來的辣妹，當時就有兩位辣妹被安排坐在我朋友身邊幫忙招呼倒酒之類的。

彼時尚在念書相當單純的朋友曾幾何時遇過黑道請客的場面，簡直是一驚。除他身旁的美女對他老是鶯聲燕語殷勤勸酒外，只見阿賢的弟弟左擁右抱，還四面地吆喝著小弟向客人敬酒，看來好不威風。當時朋友心想：這種場面不正是很多男人所追求的「醒掌天下權、醉臥美人膝」嗎？於是事後他曾私下問過阿賢學弟：「你從不曾嚮往過這樣風光的生活嗎？」

阿賢說成長期間，不免有父親、弟弟甚至是他們在道上的黑幫朋友想要吸收他入幫，他曾為此深感迷惘及困擾。內心屬於天使的聲音說：「那種表面的風光是假的，我想過得是安穩日子。更重要的是，我不能讓一輩子已經為爸爸和弟弟傷心的媽媽，又再為我傷心。」可另一方面屬於魔鬼的誘惑卻不曾止息，一再以金錢與權力，甚至是美色來企圖動搖他的心志。他曾一度想說反正人家都說他是「流氓子」，不如乾脆真的學爸爸去當流氓算了。心中煩躁之餘，至故鄉山上一座廟宇潛心敬拜，也曾跟廟裡的師父請示對話，師父贈他的佛偈正是：「欲知前世因，今生受者是，欲知來世果，今生做者是。」幾經思索其中意義，阿賢才終讓自己的心真正地安定下來。他清楚地明白自己黑道世家的出身是果，若未來想獲得平淡平凡的真幸福，那麼必須從現在開始就種下善因方能實現。如果學父親和弟弟他們那樣一生打殺作惡，只會種下更多惡因，最終落得四處躲藏或是坐牢的黑暗下場，所以他認為目前自己所做的選擇是相當正確的。

即使身處烏黑爛泥，也能因一念光明不染塵埃

「阿賢有個優點，就是生性樂觀開朗，很會交朋友。」友人說，阿賢自覺是業務人才，故寒暑假所打工的工作則多與招攬業務有關。畢業退伍後他找到一份燈飾公司的工作，從基層業務開始做起，後來開了家自己的燈飾店，生意做得似乎還不錯。

「或許不能大富大貴，也相當平凡。不過能過上光明自在的安穩生活，還有能力可以奉養老母，不像我老爸老弟那樣，成天擔心受怕。我覺得人生這樣已經夠了，夫復何求？」阿賢曾對我的朋友這麼說過。

聽完朋友的兩個故事後我不禁要想，阿賢的出身條件比阿坤差多了，猶如一個在地一個在天。如照一般邏輯發展下去，阿賢很有可能會如他父親與弟弟一樣成為一個流氓，走向黑暗人生。好在因他感念母親養育之恩，同時又能把持住自己的心，所以終能走上正途，出汙泥而不染塵，並能擁有一個幸福而又光明的未來。

有句相當有智慧的話是這麼說的：「人無法決定自己的出身，卻能決定以何種態度去過生活」，看完阿賢的故事以後，相信你應更能明白這個道理。

Part-2

生命中的魔鬼與天使

06．緊張夫人的憂鬱

小故事．大啟示

這孩子到底是上天給我的祝福，還是折磨？

有一位富家公子娶了鎮上的第一大美女為妻，難得的是，這位妻子除了貌美之外，個性也十分溫柔賢淑。兩人結婚以後互愛互敬，日子過得十分甜蜜，成了一對鎮上人人所稱羨的神仙眷侶。

有天中午，這對夫妻支開所有下人，一起在庭園中一邊賞花一邊用膳，享受專屬於兩人的甜蜜時光。當丈夫望著人比花嬌的愛妻時，一時興起，竟想要仿傚文人雅士品酒吟詩，附庸風雅一番。妻子得知丈夫的心意後，立即善解人意地起身離席，移步至家中藏有美酒的地窖，準備親自為老公打酒。

平時打酒皆有下人代勞，這可是她第一次來到家中地窖。很快的，她看見地窖中那存放美酒，跟人快一般高的大酒甕。當這位美麗的妻子拿著酒勺子，努力地踮起腳來探頭想要往酒甕中舀酒之際，卻意外地看見酒甕裡居然躲藏著一位十分美麗的女子。

事出突然，妻子不由得愣了一下，同樣的，酒甕中的女子也愣了一下。雖然尚不知這女子的來歷，不過基於初次相見的禮貌，妻子只好對酒甕中的女子笑了一下，想不到，那女子居然也對自己燦出一笑。

酒甕中的女子本就貌美，這一笑更是平添嫵媚，嬌豔動人，妻子看在眼裡卻是火冒三丈，她想到這女子很有可能是丈夫偷藏在家裡的情婦。於是，她立刻對酒甕中的女子怒目而視，那女子也不跟她客氣，馬上瞪了回來，看來倒還比自己多了三分理直氣壯似的。

好妳個小三，侵門踏戶勾引我丈夫不說，竟還敢凶巴巴地瞪著我，一點兒羞愧之心也沒有，真是「是可忍，孰不可忍」。向來賢淑的妻子這回可溫柔不起來，她將手中的酒勺子往地上一扔，氣沖沖地跑去找丈夫興師問罪。

「你這殺千刀，死沒良心的，鎮日口口聲聲地說愛我，如今卻在地窖裡偷藏另一個女人。你說，你這麼做對得起我嗎？」

庭園中等了許久的丈夫沒等到美酒，卻反等來嬌妻一頓怨懟責罵。他望著哭到梨花帶淚的愛妻既心疼，又丈二金剛摸不著頭腦，只好親自跑去地窖裡查看一番，想看看究竟是什麼女人躲在那裡，居然惹得妻子如此不悅。

這一查可不得了，換老公怒火中燒地跑回來訓斥妻子：「妳這個女人，做了有損婦德之事竟還敢惡人先告狀？當初我真是瞎了眼才會娶妳，妳怎能背著我在地窖裡偷藏漢子？」

一對原本恩愛的夫妻倆開始大吵特吵，丈夫怒斥妻子不守婦道偷養小白臉，妻子嗔怒丈夫寡情薄倖私藏狐狸精，雙方吵得不可開交。

眼見公說公有理，婆說婆有理，再這麼吵下去也不是個辦法，丈夫只好請來從小就應聘於家中教導自己念書的夫子來評評理。頗有年歲的夫子淡定從容地聽完夫妻倆各自的陳述後，立刻下了個決定，那就是他也要去地窖一探究竟，自然便知誰說真話，誰說假話。想不到他老先生去地窖看完以後，竟回房背起行囊，老淚縱橫地向富家公子拜別：「您既已另聘賢能，跟老朽直說便是，又何需以此方式暗示我該離開了呢？」說罷，夫子絕塵而去。

丈夫這下子懵了，不過是請老師評個理，他老人家怎麼就突然辭職不幹了？無奈之餘，只好請下人去把鎮上最德高望重的一位高僧給請來家中評理。

老和尚聽完事情的來龍去脈後，立刻明白是怎麼一回事。

他將夫妻倆一起請到地窖，當著他們的面拿起一塊石頭，將大酒甕給砸個稀巴爛。頓時甕中美酒流淌滿地，地窖裡酒香四溢中人欲醉，又哪來的什麼狐狸精、小白臉、跟老夫子呢？

緊張夫人的意外懷孕

有天我和朋友在麵攤吃麵，隨手拿起桌上的報紙翻閱，見一個不幸的新聞，有些傷感。報上說，有位得到產後憂鬱症的母親趁老公上班之際，竟抱著剛出生不久的孩子從高樓一躍而下，母子均亡。

朋友見我看報專注，連手中的筷子也停下，不免好奇地探過頭來瞄一眼報上的大標題，然後說：「我也有個好朋友前陣子得了產後憂鬱症。」

聽朋友說，她有位大學同學，個性很容易緊張。比如拿考試這件事情來說好了，考前緊張多數人都有，這也沒什麼，但考完後她依然十分緊張。朋友便問她：「考卷上的答案妳都寫了些什麼？」

聽完之後朋友對她說：「妳的答案跟教授平時所講述的大致相同，一定PASS的啦。別擔心。」

她還是不放心地東想西想，很緊張地問：「依你看，教授會不會看不懂我表達的意思？還是──他根本看不懂我所寫的字？我真後悔，因為怕時間來不及所以就寫得很快，字跡好像有些潦草，我好擔心喔。」

當然除了考試以外，她還緊張很多其他事情，比如自己養的小天竺鼠會不會突然死掉？向來對她很好的男朋友會不會突然有天變心劈腿之類的。正因如此，所以同學們就送給她一個「緊張小姐」的外號。

幾年之後，緊張小姐的男友非但沒有變心，還娶她為妻，緊張小姐就此升格成了「緊張夫人」。沒多久後，夫妻倆便生了一個寶貝兒子。

當媽媽之後的緊張夫人更加緊張。上班時，她緊張兒子在保姆那裡不知有沒有得到妥善照顧？景氣不好時，她緊張自己和老公的飯碗會不會不保？身上有個小病小痛，她還會緊張自己是不是得了絕症，再也沒有辦法親眼看著兒子長大成人。

當時聽見友人描述到這，我有些心虛地說：「其實人難免偶爾會胡思亂想，這很正常。」

會這麼說，是因我自己有時也會胡思亂想，為一些根本不存在的事情窮緊張。

然而據朋友說，緊張夫人的情形卻比一般人還要嚴重許多。平常人的瞎緊張一下子就過了，不見得會真放在心上。緊張夫人最糟的一點就是很會鑽牛角尖，且往往一鑽進去，就不容易出得來。

拿數年前的總統大選來說好了，一般人即便有所關心，也不至於影響日常生活。可我們的緊張夫人，居然會緊張到連續失眠好一陣子，只因她很害怕萬一若某人勝選的話，不僅國家完了，就連她兒子未來的前途也將一併葬送。

當緊張夫人還在為她剛滿週歲的兒子的前途緊張之際，老天似乎是怕她緊張得還不夠，居然在總統大選結果揭曉前夕，又跟她開了個大玩笑。

這玩笑就是讓緊張夫人意外地得知，自己又——懷孕了。

這小孩，到底是祝福還是折磨

緊張夫人和老公都是一般上班族，薪水不高，所以夫妻倆早就協議好只生一胎，以免經濟難以負擔。

那天緊張夫人之所以會去看醫生，是因近來備受失眠所苦才不得不去的，想不到醫師問了一些問題後幫她做了尿液檢查，待報告出爐之後居然恭喜她懷孕六週。

面對這意料之外的孩子，緊張夫人更緊張，也更睡不著覺了。所以，向來晚睡的朋友成了緊張夫人最佳的傾訴對象，每每過了午夜十二點，朋友家中的電話鈴聲就會準時地響起。

一開始，緊張夫人還猶疑著要不要留下這孩子，天生母性讓她想把孩子給生下來，可又怕養不起，擔憂沒辦法給孩子最好的照顧和教育環境。

當時，緊張夫人的心中時常有著兩種聲音為此爭論不休；一個猶如她已逝去的母親，那般溫柔宛如天使的聲音告訴她：「這是妳的小孩，妳應該把他生下來，好好地疼他、愛他。不要擔心，孩子自會帶財來，肯定能平安健康地長大。」

可每當她這麼想時，心中的另一個聲音就會潑下一盆冷水：「一個都快養不活了，還想養兩個？我看乾脆拿掉算了。」

於是這麼三躊躇四考慮，腹中胎兒便已過了三個月。

隨著「拿掉孩子」這選項的消失，只能選擇生下孩子的緊張夫人開始變得十分焦躁，整天疑神疑鬼。她經常跟朋友訴苦，認為老公根本不支持她生下這個小孩，也擔心因懷孕而影響自己目前的工作。緊張夫人經常地哭訴：「一個都快養不活了，現在可是兩個，兩個耶！我到底該怎麼辦啊？」

友人猜想緊張夫人的情緒有可能無可避免地影響到她老公，果真，夫妻倆發生爭吵的頻率逐日增多。一回大吵後的午夜十二點，友人家中的電話鈴聲又準時地響起。

電話那頭傳來緊張夫人的啜泣聲，可不論朋友怎麼問，皆無任何回應。直到最後，話筒彼端傳來一句：「我真的不曉得，這孩子到底是上天給我的祝福，還是折磨？」然後就傳來「嘟、嘟、嘟」的電話斷線聲。

朋友根本來不及做任何回應，電話那頭就這麼斷了線。

07・緊張夫人的憂鬱（續）

■小故事・大啟示■

一生諸煩憂，如夢幻泡影。

鎮上有位老婆婆，成天都在哭泣，不管左右鄰居如何地勸解也不管用，於是鎮上的人便幫老婆婆取了個外號，稱她為「哭婆」。

有一天有位雲遊四海的僧人來到小鎮，聽見哭婆悲愴的啼哭聲，便去向她化緣。哭婆邊哭邊準備殘餚剩飯給僧人，僧人合十道謝以後便問她，何以要哭得如此傷心呢？

哭婆泣道：「大師有所不知，老身育有二女，分別嫁給賣傘和賣麵的。今日上午天氣晴朗，我很擔心大女兒家的傘賣不出去，那麼將何以營生？於是便哭了。豈料天有不測風雲，下午卻下起傾盆大雨。這種天氣，二女兒家的麵條根本曬不乾，那要怎麼賣呢？一想到這兒，我就忍不住又擔心地哭了起來。」

聽完她的話後僧人微微一笑，合十地對她說：「貧僧不才，但或許有個方便法門，可解決老菩薩您的苦惱也未可知。」

篤信佛法的哭婆一聽大喜，連忙向僧人請教。

僧人對哭婆說道：「從今以後，您只要在天氣晴朗時想到賣麵條的二女兒，天候不佳時想到賣雨傘的大女兒，如此便可。」

聽了僧人所言哭婆便試著照做，久而久之習慣之後，果然無論天氣是晴是雨，人們皆可在她臉上看見漾著幸福的笑容。

於是鎮上人們便幫她換了另一個外號，改稱她為「笑婆」了。

產後憂鬱險釀家庭悲劇

「我真的不曉得，這孩子到底是上天給我的祝福，還是折磨？」

緊張夫人沒頭沒尾地拋下這句話後便掛了電話，讓我的朋友十分擔心，便連忙抓起外套騎車出門，想趕去她家一探究竟。等緊張夫人的老公被朋友急促的門鈴聲吵醒以後，才知老婆竟在大半夜裡鬧失蹤。

我趕忙問：「後來呢？」心中深怕緊張夫人就此出了意外。

「後來我和她老公在他們家附近找了好久，才終於在一個小公園裡找到已哭得全身發抖的她。費盡唇舌勸了好久，才勸得她肯跟老公乖乖地回家。唉，折騰了我一夜。」

「呼～～」聽朋友這麼說我反倒鬆了口氣，「幸好沒事。」

想不到朋友歎了口氣又說：「那次是沒事，不過後來倒差點出了大事。」

「啊？」我嚇了一跳，安靜地聽朋友繼續地說下去。

雖然懷孕期間緊張夫人的情緒始終反反覆覆，處於高度緊繃的狀態，不過總算熬到預產期的到來，順利地產下一名漂亮健康的女嬰。

雖說先前因經濟狀況有些疑慮，不過對於女兒的出生，緊張夫人的老公其實還是挺高興的，且婆婆還特地北上來幫她坐月子。不過有一回，友人撥空去向緊張夫人道喜時，卻發現她的樣子有些怪怪的。

「到底是哪怪也說不太上來，但總覺得，她臉上幾乎很少有笑容，一點也沒有再為人母的喜悅，且還經常地恍神。」朋友說。

可是當時因還有別的事情趕著要去處理，所以朋友只叮嚀她，若是心裡有事可隨時打電話找她聊，然後就匆匆地離去。

一別就是一個多月，等朋友再次見到緊張夫人時，竟是在醫院裡。

事情是發生在她婆婆幫她做完月子，回南部幾天以後。那天她老公恰巧利用午休時間趕回家，想拿忘了帶去公司的隨身碟，豈料到家以後才一打開門，就聞到一股濃濃的瓦斯味。

緊張夫人的老公急忙先把窗戶打開讓屋子通風，接著便發現老婆昏倒在流理檯邊的飯桌上。他把瓦斯關掉以後，先打了119報案，然後再去房間的嬰兒床將女兒給抱出來。

幸好那時兒子早已帶去保姆家，而女兒房間因離廚房較遠，加上他回來得早，所以沒事。至於昏迷的老婆，最後則在醫護人員的急救之下，從鬼門關前給拉回來。

朋友說：「幾天後我接到消息簡直嚇壞，氣急敗壞地趕到醫院，也不管她還是個病人，劈頭便一頓劈哩啪啦地臭罵。怎麼能這樣？不就老天保佑，不然還得了？」

是啊，幸虧緊張夫人的先生剛好中午回家拿東西，不然的話，將又會演變成為一則印在報紙社會版上的人間悲劇。

聽朋友說緊張夫人在經過醫師診斷以後，證實罹患產後型憂鬱症。因為她的病，她老公毅然決然地將一雙子女帶回南部給自己的父母照顧，他自己則除了上班時間以外，都會陪在老婆身邊，和她一起面對這個疾病。

在醫師的治療及老公支持下，目前緊張夫人的病已差不多痊癒了。而他們夫妻倆也商量著，等再過一陣子，就要將孩子給帶回來。

百分之八的煩惱

聽了緊張夫人的故事後，我特地去查了一下有關「產後憂鬱症」的資料，發現這種疾病的成因雖仍未確定，但無非是和懷孕前後的荷爾蒙分泌、產婦本身的個性，以及懷孕時種種外在環境條件，都脫離不了關係。

緊張夫人的個性，絕對是害她生病的元兇之一。

我不免想著，緊張夫人決定開瓦斯輕生的當下，心中是不是有來自於魔鬼的聲音，引誘她去打開瓦斯開關？那聲音會不會是不斷地告訴她：「妳根本養不起這孩子，一個沒有辦法給孩子最好未來的母親，還算是個母親嗎？如今妳居然敢把孩子給生下來，完了，真的完了！」

記得當初緊張夫人決定到底要不要留下這孩子時，心中至少還有另一個聲音對她說：「這是妳的小孩，妳應該把他生下來，好好地疼他、愛他。不要擔心，孩子自會帶財來，一定能平安健康地長大。」

姑且不論孩子自己會帶財來的說法是否為真，可至少是個正向聲音，當這種聲音完全消失時，居然差點就造成一個永遠無法挽回的嚴重悲劇。

由此可知，每個人應要時時與自己的心靈對話，且多培養正向思考的習慣，猶如一開始故事中僧人所告訴哭婆的法門那樣，如此方能讓屬於天使的聲音經常出現在耳邊，而不至於踏錯腳步遺憾終生。

其實我個人在很年輕時，也是一個容易胡思亂想的緊張大師，雖沒有像緊張夫人那麼嚴重，但也確因自己的性格，讓原本正常的生活，平添許多無謂憂思。直到有一天，我在一本老外所寫的書中讀到一段話，大意是說：經過一個實驗之後發現，其實人們所擔心和煩惱的事情有92％是不會真正發生的。剩下8％的擔憂和煩惱，也多屬可輕易被解決的問題。

這話給了我很大啟示，如果一個人僅為了那8％大多可輕易解決的煩惱，卻搞得自己每天緊張兮兮憂煩終日，那不就和之前所提到的故事裡，那對為了酒甕中的虛幻倒影而心生疑思大吵一架的夫妻，是一樣的愚蠢可笑嗎？

一生諸煩憂，如夢幻泡影

金剛經上說「一切有為法，如夢幻泡影，如露亦如電，應作如是觀。」

意思是說人間一切現象，如同夢幻般不真實，亦如水中泡泡會瞬間消失，又如清晨露珠、天空閃電，即使你現在看見，但下一刻它就會立刻消失。

所以說人一生之中很多所謂的煩惱，其實只是如同夢幻泡影一樣。這一刻你所緊張、看見的煩惱，又豈知下一刻的時空裡，它不會瞬間消失得無影無蹤呢？

明白這道理以後，相信人生若再遭遇一些自以為難以解決的難題、難以跨越的難關，而心生煩惱憂慮時，必不致再會有「完了」、「死定了」、「走不下去」這類諸如惡魔的聲音在心中大肆咆哮，甚至引領人們走向不該走的道路。

或許不論緊張夫人的女兒成長到了週歲、三歲、十歲，甚或將來成為一位亭亭玉立的大姑娘，她對女兒很多其他的問題依然會感到緊張。只是，她必會發現之前所緊張到會讓她罹患產後憂鬱症的那些問題，屆時早已消失不見、無影無蹤。

08・碎碎唸先生的抱怨

■小故事・大啟示■

抱怨，就像生命花園中的雜草

如果世上的其他動物跟人類學會了「抱怨」這本事的話，那麼它們有可能都會抱怨些什麼事情呢？

乳牛的抱怨：這麼多人喝我的奶水，卻從沒聽過有人喊我一聲「媽」。

烏賊的抱怨：不公平，我明明有滿肚子墨水，卻還被你們叫作是「賊」。

袋鼠的抱怨：沒辦法，即便口袋再大再深，沒錢還是會被歸為「鼠」類。

老鼠的抱怨：唉，不過就是混個三餐而已，一天到晚還要擔心不是被老鼠藥給毒死，就是被老鼠夾給夾死，叫我怎能不「老」呢？

蜈蚣的抱怨：怨嘆啊，沒事生了這麼多雙腳，看來我一輩子都要買不起鞋了。

魚兒的抱怨：不論網路世界如何多姿多采，可惜這輩子我肯定不敢「上網」。

刺蝟的抱怨：我這一生中最大的遺憾，就是不能擁抱我最心愛的伴侶。

除以上例子外，很有可能所有動物皆能找到生命中可以抱怨的事情，比如就連人類最忠心的好朋友「小狗」，應該不免也會想抱怨一下，人們為何老是要以「狗腿」、「走狗」之類的話來罵人吧？

怨天怨地怨政府的碎碎唸先生

我以前所上班的公司，有一回招聘了幾名新同事進來，這批生力軍每個都表現得非常優秀。尤其當中有位小男生，才剛從知名國立大學畢業，人看起來白白淨淨還戴著副眼鏡，長相十分斯文，特別有我們這群老鳥姐姐的眼緣，因此難免對他較為關照，工作上也會對他多加指導。可惜過了一小段時間後，很有可能是混得較熟了，慢慢地我們發現這小男生在個性上有個很大的缺點。

我曾聽說，有些男生過了男性更年期後，就會看這也不對，看那也不順眼，似乎整個世界都在和自己作對似的，變得很喜歡碎碎唸。但想不到這位新進的小男生同事年紀雖很輕，卻有了這種「後中年期」男人才會有的症狀，可謂是個相當標準，超喜歡「雜唸」的碎碎唸先生。

碎碎唸分為兩種，第一種是類似某些嘮叨的父母對子女，或妻子對丈夫的狀態，成天提醒這提醒那的。雖然這種碎碎唸聽久了會很煩人，但考量碎唸的人多半是出自一份關愛，通常聽過之後左耳進右耳出稍為忍耐一下，就過去了。至於另一種碎碎唸就很惱人，這種碎碎唸通常是一種負面情緒的發洩，內容則多為對人事物的不滿與抱怨，讓人聽久了會在心中染上一層陰翳，情緒整個地都被拖垮。我們這位新來的碎碎唸小男生，就屬於後者。

舉幾個小例子來說明一下他有多會碎唸好了。比如說要是主管指派他做件簡單輕鬆的工作，他就會抱怨說：「叫我一個堂堂國立大學畢業的高材生做這麼簡單的工作，簡直看不起人。我真後悔進這家公司，完全不重視人才培養，沒一個完整的新人培訓制度，待在這樣的公司，恐怕是『前途無亮』。我說的『亮』，可是光亮的亮喔。哈哈。」

天啊，居然還自以為幽默咧？真是令人無語。不知是不是後來主管有聽見他的抱怨，或其他因素所致，因而改日分配工作時便指派較為繁重的工作給他。此時竟又聽見他不滿地說：「叫我做這麼多事，是想累死我嗎？為什麼其他新人的工作都比我輕鬆？這不公平嘛。要是惹毛了我，乾脆遞辭呈，拍拍屁股不幹算了。」

當然，自始至終我從未見他真有把辭呈給遞出去過。

此外，他還會抱怨很多大大小小的事；大至國家政策對勞工不公平、政府官員貪汙腐敗官商勾結、公司給員工的福利不夠好、警察為了業績開他紅單等。其他還有小到如上班時路上老是塞車、跟A同事埋怨B同事很難相處、怪老天突然下雨害他淋濕、路上的小狗胡亂大便讓他踩到滿腳黃金等，皆可成為他義憤填膺、滔滔不絕的碎碎唸內容。

起初基於禮貌，加上少數他所碎碎唸的東西還算言之有物，我們這群老鳥姐姐還會認真耐心地聽他唸完，三不五時地給他安慰，叫他不要難過、別想太多。過了段時間之後，就跟久病無孝子的道理一樣，我們實在是聽他唸得耳朵都快要長繭了，且往往一天的好心情在他的碎碎唸之下幾乎皆已破壞殆盡，於是便開始對他採取敬而遠之、避之唯恐不及的態度。

幾乎所有人都很怕跟碎碎唸先生有談話的機會，公司有名女同事卻是例外。她是剛進公司的幾名新人之一，名叫小芬，是個溫柔可愛的女孩。後來只有她，還願意跟碎碎唸先生聊天，忍受那些似乎永無止盡的抱怨。

本來我們多數人都以為，像碎碎唸先生這樣的男生，應是不會有女生喜歡。事實證明，我們錯了。正所謂「穿衣戴帽，各有喜好」，事情的發展果然再次證明，這世上不論什麼樣的人，一定都會有人欣賞。

沒錯，小芬終於和碎碎唸先生在一起，談戀愛了。

讓碎碎唸先生澈底心碎的失戀

雖說小芬和碎碎唸先生在一起讓我們跌碎滿地眼鏡，我們卻都樂見其成，高興得很。只盼從此碎碎唸先生擁有一個最忠實的聽眾後，等於是救大家脫離苦海。至於小芬這種「我不入地獄，誰入地獄」的高尚情操，同事們大多表示感佩與讚揚，故而真心誠意地祝福他倆能真心相守，相愛久久。

可惜，我們又錯了。有句話是這麼說的，「戀愛中的人，總是盲目的」。雖然戀愛會使人眼盲，然而事實證明，戀愛中的眼盲症通常只是暫時性的，終有恢復光明的一天，而這一天，就在三個月後。

沒錯，小芬和碎碎唸先生在一起，只談了三個月戀愛就分手了。

慘的是，他們的分手，竟成了我們惡夢的開始。很有可能在這段愛情中身為被拋棄的一方，對碎碎唸先生而言真的造成很深的傷害，所以只要抓住機會逮到了人，他就會不停地在人前抱怨起小芬的薄情寡義。

他所抱怨的無非是：「我為她做牛做馬做奴隸，付出這麼多，她怎麼可以這樣對我」之類的話。可他如此不停地在公司裡頭控訴分手女友的諸般不是，其實是相當不厚道的，畢竟小芬還在公司上班。果不其然，小芬因受不了碎碎唸先生在公司裡鎮日不停歇地說三道四，終於忍無可忍，憤而離職。

小芬離職後沒多久，有一天我在午休用餐時不巧碰見碎碎唸先生，他非要跟我擠同一張桌子吃飯，我也不好意思拒人於千里。只是果不出我所料，過沒多久他便又開始怨這怨那了。

「有沒有想過，很有可能是因為你太愛碎唸，太愛抱怨的個性，所以小芬才會沒有辦法跟你再繼續走下去？」耳朵聽得快出油的我，終於忍不住問他。

聽了我的提問以後碎碎唸先生先是愣了幾秒，才歎了口氣地對我說：「其實我也知道自己這樣不太好，曾試著提醒自己不要這樣，但就是做不到啊，腦中總會有另一個聲音告訴我要不平則鳴，不然的話，就像被什麼東西給噎住一樣，實在是很不舒服。」

至此，我才明白原來碎碎唸先生並不是不明白自己的問題，重點在於他控制不了自己。又或者說，他被人性中那種喜歡凡事抱怨的惡魔，給完全地控制住了。

「怨」，就像生命花園中的雜草

前陣子觀賞一齣真人實事所改編的連續劇「生命花園」，講述一個名叫水合的有為青年，在即將與熱戀女友結婚前夕不幸遭逢九二一大地震，被垮下來的房子壓傷導致他下半身全部癱瘓，甚至連大小便也無法自理。

突如其來的變故讓水合失去健康、工作與愛情，於是他開始怨天尤人，詛咒命運對他不公，埋怨沒人能懂得他的痛苦。他拒絕接受現實，將自己完全地隔絕於世，人生至此停格不再向前。直至最疼愛水合的父親為照顧他而劬勞辭世，他才幡然醒悟，願意走出來面對這個世界。

最後水合終於靠著自己的努力，發揮他人生中的良能，親手打造一座非常漂亮的花園供人駐足遊賞。來過花園賞花的人無不歡喜讚歎，稱之為「生命花園」。

看完這齣戲時，心中不自覺地會想起以前所曾遇見過的同事——碎碎唸先生。

其實，無論抱怨或埋怨，都像生命花園中的雜草，非但對你的人生沒有多大助益（頂多是暫時解氣），反而只會吸取你繼續進步和向上的養分。且抱怨更像生命中的魔鬼，猶如恐怖電影中因強大怨念所聚集而成的惡靈一樣，充滿了對人際關係與人生願景的破壞力量。

面對此等惡靈，唯有請出心中「包容」與「善解」的小天使來守護自己，方能不被人性中那種喜歡凡事抱怨的惡魔給箝制住，而去影響你原本可能會更加幸福與美滿的人生。

09・墮入慾望深淵的行員

小故事・大啟示

心靈貧瘠匱乏之時，就會讓心中的貪婪之魔有可趁之機。

大文豪托爾斯泰所寫的一本《呆子伊凡》書中，提到有個關於貪婪的故事。

有個老魔鬼看見一位辛勤又善良的農夫，每天都過得十分快樂，心裡很不是滋味。「我一定要讓這農夫變壞，向世人證明魔鬼的確存在才行。」老魔鬼心想。於是，他派出底下的小魔鬼去執行此項任務。

第一個小魔鬼故意將農夫的耕地變得很硬，讓他耕作起來格外辛苦。可是勤勞的農夫並沒有絲毫抱怨，擦了擦額上的汗水之後，依然快樂地工作。於是，魔鬼的任務宣告失敗。

第二個出馬的小魔鬼則偷走了農夫作為午餐的麵包和水，期待能見到他暴跳如雷的鬼樣子。沒想到善良的農夫發現食物被偷之後卻笑說：「一定有比我更需要的人取走我的午餐，希望那些麵包能讓他吃飽才好。」就這樣，魔鬼的任務再度失敗。

第三個接受任務的小魔鬼見之前的同伴輸得灰頭土臉，卻毫不擔心，反而胸有成竹地向老魔鬼保證自己必不辱使命，定會讓那辛勤善良的農夫變成一個澈底的大壞蛋。

小魔鬼先和毫無戒心的農夫結交成為好友，每年都教他該配合氣候種些什麼作物，以及如何種植的技巧，讓他三年以內就賺了很多錢。接著，小魔鬼又教導他將收成的作物釀成酒來賣，於是很短時間內，他就成了一名富可敵國的大酒商，從此再也不下田耕作。

有一天，老魔鬼終於來驗收小魔鬼的成果。

老魔鬼見原本勤勞的農夫不僅不再工作，反而還過著夜夜笙歌、酒池肉林的生活，整個人變得像隻豬那樣的懶散癡肥，已是非常高興。沒想到，他復又看見農夫竟對著一名犯了小錯的奴僕厲罵痛打，全無一絲體恤之心，早已喪失原先善良的本性，果然已徹頭徹尾地成了一個大壞蛋。

老魔鬼對小魔鬼的工作表現讚譽有加。他開心地笑問小魔鬼：「你是怎麼辦到的啊？」

小魔鬼得意地哈哈大笑說：「很簡單，我不過是利用人性中的『貪婪』罷了。」

人生隨時可能遇見來自魔鬼的試煉

有位在銀行工作多年的朋友，曾告訴我一個關於銀行員的故事。

小楊本是個聰明又勤奮的年輕人，家境不甚富裕的他退伍之後沒多久，就憑藉自己的努力考進一家民營銀行。民國八十年代，能成為一名銀行員進銀行工作並不容易，算是個相當令人艷羨的職業。

剛進銀行的小楊被分發到存款部門學習，他不僅勤奮認真，學習的速度也很快，所以頗受存款部襄理的喜愛與重用。過了兩年，小楊順利地升職，成為存款部門大出納，和襄理一起負責掌管銀行的金庫。

如果小楊能平平順順地繼續這樣工作下去的話，憑藉他的能力和經歷積累，相信只要再過幾年就能順利地升上襄理，最後再升上副理甚至是經理，然後領一筆優渥的退休金退休，過上一個雖平凡，卻相對平穩的人生。

可惜的是就如寓言故事中的農夫一樣，人生總會遇上一些意料之外的事情，且多是來自於魔鬼的試煉。

小楊先是遇見多數人一生之中，至少會碰上一兩回意料之外的事情，那就是「失戀」。原本相愛的兩人，其中一方因出於某些緣故，而離棄另一方。

不幸身為被拋棄的那方，小楊無疑十分傷心。他開始終日裡藉酒消愁，不是醉酒到第二天無法去銀行上班，不然就是在上班時精神不濟弄錯帳目，害得大家在下班後因帳目借貸兩方不平而必須留下來加班捉帳，額外造成同事們許多困擾和負擔。

就這麼過了幾個月，襄理一直沒有出言對小楊有所責備，他自己卻覺得不能再繼續這樣沉淪下去，於是便主動地提出調職申請。

小楊之所以想調職，一來是覺得沒臉再面對一路提拔他的襄理，二來實則是因為他想離開這傷心地，看能不能讓自己振作起來。萬萬料想不到的是，這決定，竟為他迎來屬於魔鬼的試煉。

由於小楊所申請調職的分行已沒有存款部門的職缺，於是便被安排到放款部門去學習。他到放款部以後，在同事的介紹下認識一些所謂民間代辦業者，其中有位許姓業者明知小楊不過是放款部的新人，卻還與他熱情攀交，三不五時就請他吃飯喝酒，極盡攏絡之能。

至此，小楊正逐步地踏進魔鬼所設的陷阱之中，自己卻渾然未覺。

沉迷金錢酒色的貪婪深淵如引火自焚

一開始許姓代辦業者介紹給小楊的申貸戶都很正常，當第一筆貸款核撥下來以後，他很高興地請小楊吃飯，酒酣耳熱之際，一封厚厚的紅包塞進小楊手中。

起初小楊表示自己只是做了份內工作，無功不受祿堅持不收，許姓業者卻對他說，這是公司撥給自己「業績獎金」中的一部分，他拿出來與好友分享，不用放在心上。加上他知道小楊失戀，便對其洗腦說男人口袋裡就是要有錢，只要有了錢，要交什麼樣的女朋友沒有？更不必害怕女朋友會跑掉。

雖說當初女友的離開並不完全是為了錢，但女友和自己的家境的確都不是很好，難怪人們常說沒有麵包的愛情總不能長久。小楊心想：「要是當時有錢，那麼這段失敗的戀情，是否會有另一種完全不一樣的結果呢？」

面對一疊花花綠綠、厚厚的鈔票，小楊心動了。雖然心中仍有個聲音提醒他：「這錢千萬不能收，收了就是納賄貪汙，後果很嚴重的！」只是魔鬼利用人性貪婪作為試煉的面前，這聲音卻愈來愈小，最終消失再也聽不見了。

「人性始終是人性。」小楊接過紅包時，許姓業者心中如是想，然後便笑了。

吃完飯後小楊接著被帶到酒店續攤。頭一次上酒店的他，完全被眾多穿著清涼的鶯鶯燕燕給迷惑住了，一聲聲溫言婉語的勸酒聲中，手中的酒也不停地一杯接著一杯，心想既然人生苦短，那麼不如得意盡歡，切莫要使金樽空對月。

隨著許姓代辦業者所送來申貸的案件愈來愈多，小楊完全迷失在一封又一封的大紅包及酒店的溫柔鄉中，完全不認真地去做徵信工作，自然沒察覺到其中有很多貸款戶都有問題，其實根本是用來詐貸的人頭戶。

魔鬼驗收成果的那天終於來了。原來，分行經理本身與代辦業者有所勾結，利用大量人頭戶來銀行冒貸，導致銀行出現大筆呆帳，因而引起總行注意，只好報請檢調單位加以查辦。

小楊與許姓業者的事後來一併被查出。可惜一個本有很不錯前途的銀行員，終因沉迷金錢酒色的貪婪深淵，因此被判刑而讓自己身陷囹圄。

心田貧瘠匱乏之時就會讓「貪婪」有可趁之機

聽了小楊的故事後，我曾一度認為他實在是個很值得同情的倒楣鬼，心想要是他的戀情能圓滿就好了。又或者即便失戀，只要他別申請調職，就不會去碰到一名上樑不正的經理及許姓代辦業者，害他觸法被關。

後來隨著年歲漸長，看過、聽過、自己也經歷過更多人生故事以後，才明白事實並不全然如此。人心中的貪婪始終存在，並不會因小楊沒有失戀或是沒有申請調職，就真能躲過魔鬼對他的試煉。

有些人的運氣可能真的比較好，儘管心中亦有「貪婪」存在，一生之中卻不曾碰過真正的大考驗，讓貪婪心魔失控。因此一般人見有些握有權勢的人犯了貪婪之罪被懲罰時，多半會覺得罪有應得。的確，犯錯就該懲罰，實是天經地義沒啥好說的事情。但有沒有想過，如若有朝一日，你成了一名有機會決定他人生死、手握重權之人，是不是真能通過魔鬼以貪婪人性為手段，而加諸於你身上的試煉呢？

無論此刻你心中的答案為何，都只能當是參考，做不得準。只有當你身歷其境面臨魔鬼的考驗時才能夠揭曉，看見真正的答案到底是什麼。

不過，一個心靈強壯滿足的人，多半能通過屬於魔鬼的貪婪試煉。反之，一個心田貧瘠匱乏之人，才會讓魔鬼有機可趁，讓自己在貪婪面前澈底失敗。

因此平日應多與心中的善念對話，找出相較於物質享樂而言，對自己的人生更有意義的目標，且常善用心中「感恩」與「滿足」的天使來抵制「貪婪」的滋長，方不至於萬一有一天遇上魔鬼考驗時，終而迷失掉自己。

10．不見黃河心不死的吳董

小故事．大啟示

我執往往造成偏見，偏見常常令人自私。

聽聞秦檜的前世原是地藏庵內的一名香燈師，因其日日於佛前啟燃一爐好香禮佛，積累很多福報，所以來世才能成為大官，當上宰相。不過身為宰相的秦檜後來卻因殘害岳飛等忠臣，造下極大惡業，故死後被打入地獄受苦，忍受阿鼻地獄中的諸般苦刑。

地藏王菩薩念及秦檜畢竟是個曾在地藏庵裡虔誠禮佛的香燈師，所以有心希望能渡化他脫離苦海。故每每到地獄巡視時，總會親自來到秦檜面前，希望他能天天默誦佛號，好能及早消除滿身罪孽。

可惜的是秦檜面對地藏王菩薩的諄諄善誘，卻絲毫不肯領情。無論菩薩對他講述多少精妙佛法，他非但充耳不聞，更遲遲不肯開口誦唸一句能夠消除業報的佛號。

面對如此冥頑不靈的人，滿懷慈悲心腸的地藏王菩薩仍不肯輕言放棄，於是只好想出一個法子。菩薩先在自己手掌上寫了個「佛」字，然後笑問秦檜懂不懂得這字要怎麼唸？因為即便他只唸上一個佛字，亦可收佛力加持之效，讓他罪業得以稍減。

作夢也想不到地藏王菩薩這番好意，竟只換來秦檜一陣冷笑。他用不屑的態度對菩薩說：「我堂堂大宋宰相，怎可能不知那字要怎麼唸？休要叫我唸，我也不屑唸，誰曉得你肚裡在打什麼主意。」

地藏王菩薩不免搖頭歎息地說：「眾生的我執業力，竟大到如此不可思議的地步啊。」

創業固然維艱，守成更加不易

吳董是我一位好友的父親，已逝世多年。

鄉下地方出生的吳董在家中排行老么，幼年時因家境貧困，所以幾位哥哥皆沒有念書而成了文盲，只他一人有上學的機會。小學時成績相當不錯的吳董很是得到老師喜愛，老師鼓勵他定要再繼續升學，接著再念初中。

那年代要念初中是必須經過考試的，很多想升學的學生為能順利地通過考試，都會去老師家所開設的課後補習班補習。老師雖心知吳董根本沒有錢參加補習，卻對他加以輔導，且還分文未收。

有一回在老師家中，吳董因細故和同樣正在準備初中考試的老師兒子有了爭執。當時碰巧老師不在，他兒子就當著眾多同學的面恥笑吳董：「臭屁什麼啊，要不是我爸可憐你，答應免費讓你來我家補習，你能有機會坐在這邊神氣嗎？」

自尊心甚強的吳董受此奚落，發誓從今往後再也不去老師家補習。不管老師怎麼勸導，脾氣倔強的他只是婉謝老師的好意，同時放棄繼續升學的打算。他相信即便只有小學畢業，只要肯努力，將來一定能成為大老闆，闖出一番大事業，功成名就榮歸故里。

靠著寡母向鄰居所借來那一點點少得可憐的旅費，國小畢業的吳董便隻身一人，來到台北這大城市打天下。一個十來歲的小孩，要獨自一人在大城市裡謀生自然相當不易。他做過很多各式各樣的工作，可是不論有多累、多辛苦，他都不曾放棄，始終相信自己會有當上老闆衣錦還鄉的一天。

二十多歲時吳董在一家醬菜公司當外務員，透過朋友介紹認識一位小姐，且於不久之後結婚。成家頭兩年，他的收入並沒有大幅增加，總要靠著妻子外出工作，才能勉強過生活。

所幸不久，機會來了。

一位以前認識的同事看中吳董喜歡在閒暇之餘研發產品的能力，邀他一同創業。自打出社會工作以後就一直沒少受歷屆老闆的閒氣，早有自己創業當老闆想法的吳董，自是慨然應允，雙方一拍即合。

新公司甫成立沒多久，就靠著吳董所研發的一項市面上從未見過的新產品，打響名號，替公司賺進不少銀子。當時吳董雖掛名公司總經理，但商場朋友卻以「吳董」來稱呼他，自此吳董一生，便堅持再也不肯卸下這「吳董」的尊稱了。

短短一年多的時間，吳董的公司靠著他不斷地研發新式樣的產品，讓來自日本及國內的訂單持續湧入。說也奇怪，公司業績看似蒸蒸日上，可吳董除了一份固定的優渥薪水外，一直沒拿到屬於股東該有的紅利。掛名負責人的那位合夥人給他的解釋是，扣除必要成本開支以後，事實上公司一直沒賺到什麼錢。

吳董的妻子雖曾提醒他應關心一下公司帳目，無奈卻反招丈夫一頓訓斥，指她不該以婦人之心度君子之腹，隨便去懷疑一起創業的好夥伴。過沒多久合夥人竟告訴吳董，說是公司營運不佳需關門大吉，否則兩人將會負債累累。這讓被迫同意歇業的吳董著實百思不得其解，明明公司的生意就很好啊。

後來吳董才發現原來合夥人在關閉公司以後，自己卻另外開了家規模更大的公司，且賣的全是原本吳董所研發出來的產品。此時他終於明白自己被騙，原來公司所賺的錢全進了合夥人的口袋，對方並以此為本錢另起爐灶，澈底地擺脫了他。

儘管被騙，吳董並不氣餒。反倒經過此次事件，他下了決心定要開一家公司自己來當董事長，好能成為真正名符其實的「吳董」。

吳董的大兒子出生那年，他的新公司成立了。靠著他不斷地研發出來的新產品，讓公司的業績可說是強強滾，訂單接到快手軟。沒多久，吳董買了房子、車子，請了傭人、司機，甚至還蓋了新廠房。那段時間，真可說是吳董一生之中最為風光的時候了。

可惜好景不長，一家看似生意超好的公司，居然在六年之後莫名奇妙地倒閉。

見到棺材始掉淚，東風早已喚不回

根據我的朋友，就是吳董後來長大習商的大兒子所分析，公司倒閉其實並非毫無道理，而是有跡可循。

吳董雖是個相當聰明、肯吃苦且有毅力的人，可他的專長是在研發上，因此若是將他擺在類似創意總監的位置上，相信必能盡其所長，發光發熱。偏偏一心想要功成名就的吳董，早立定成為大老闆、創出一番大事業的志向，自是不可能只甘於類似創意總監的工作就滿足。

書讀得不多的他，完全不懂經營一家公司所須具備的基本知識，比如財務控管、企業管理、人事管理等。不懂其實並不打緊，誰說當老董的一定要什麼都懂呢？很多事業做得很不錯的大老闆們，也並非什麼都懂，不過同樣能經營好一家公司。關鍵就在於，那些不見得什麼都懂的大老闆們皆明白，也很願意承認自己不足之處，並肯虛心地接受他人意見，或聘請專業人才來協助自己。吳董卻不是這樣，他是個相當固執己見，且固執到幾乎有點算是剛愎自用之人。

舉例來說，吳董常喜歡在心血來潮之際就買些如手錶等高價禮品來犒賞員工，或發給獎金。吳董的妻子便曾勸告他公司的獎懲應有一定制度，有功當賞有過則罰，如此才能做好員工管理。吳董卻聽不進去，一句「帶人要帶心，妳一個女人家懂什麼？」就否決了太座的建議。

又比如吳夫人常提醒老公要注意公司的現金流量問題，不然老是得付極高的利息去調頭寸，如此即造成就算生意做成了也無利可圖的窘境。話說吳夫人雖和老公一樣只是小學學歷，但對於如何經營一家公司，顯然較有天份，可惜的是吳董卻從不肯採納老婆大人的建議。

我的朋友，吳董的大兒子感慨地說：「就因這幾近偏執的個性，才決定父親註定一生失敗的悲慘命運。」

公司倒後吳董幾乎散盡家財，可他仍不灰心喪志，和商場朋友借了些錢，又開了家規模較小的公司。未料不久之後公司又倒，開始有了負債。此時個性堅毅的吳董仍不改其志，繼續想法子借錢開了更小的公司，結果還是倒閉收場。

這樣屢戰屢敗，屢敗屢戰，到後來吳董已開不了公司，成了個滿身負債，只能批些小商品四處兜售的個體戶。即便如此，只要見到他的人仍肯稱他一聲「吳董」，他就有了繼續堅持奮鬥下去的動力。

多年以後，吳董雖始終堅信自己會有東山再起的一天，他的家人卻再也不這麼認為了。

先生事業失敗後得四處辛苦打工養家兼躲債的艱辛情形下，好不容易將孩子拉拔長大的吳夫人，認為責任已了，便首先決定與吳董離婚，下堂求去。

之後，眼見父親債臺高築，負債數字頗令人心驚膽跳似乎深不見底的孩子們，因不堪債主三天兩頭便上門討債的干擾，也一個個地離開了。他們離開前都曾對吳董說過：「爸，只要你別再做生意，到我們這兒來，我們會負責養你的。我們實在是負擔不了你的債務呀。」

妻子兒女相繼地離去，終於孑然一身的吳董依然沒有放棄，繼續早出晚歸勤勤懇懇地四處做生意，仍期待著功成名就那日的到來。

吳董五十九歲那年初春，一個冷氣團來襲的夜裡，他依舊騎著摩托車載著商品出門做生意去。路上一陣寒風襲來讓吳董忍不住打了個哆嗦，想不到腦幹血管因受不了突如其來的劇烈收縮而爆裂，他便因此中風而路倒在地。

他的子女們接獲警局通知趕赴醫院時，只見躺在加護病房裡的吳董呈現重度昏迷的狀態，醫師則宣布病人的腦幹已嚴重受損，建議家人最好能放棄沒有意義的醫療搶救。

吳董的女兒輕撫昏迷之中父親的額髮，輕聲呼喚之際，卻見應已無意識的他，竟從緊閉的雙眸流出兩行眼淚來。

無奈「見到棺材始掉淚」，偏偏「東風早已喚不回」。

我執往往造成偏見，偏見常令人自私

據吳董的小兒子說，父親中風前兩天曾和自己見過一面，自己塞給父親數千塊錢。接過錢的吳董告訴小兒子，這幾天他一直很懷念以前一家人還住在一起的時光。

「這輩子，爸爸究竟是不是真做錯了？還記得那年公司倒閉時，有個同業曾想高薪聘我去他們公司擔任研發主管。你媽當時也一直鼓勵我去，說是要我別再做生意冒風險，讓一家人能過上幾年安穩日子。其實我不是沒考慮過，心中有個聲音還告訴我，你媽的話可能是對的。可惜當年我滿心只想著要做生意賺大錢，完全聽不進其他人所說的話，認為自己一定能辦得到，只是沒料到後來竟弄到一敗塗地妻離子散的下場。我實在太自私了，連累你媽媽和你們這些孩子，跟我受了那麼多年的苦。」

這段透過小兒子所轉述的話，成為吳董一生中最後的遺言。

世上的道理多勉勵人們為了理想，須奮鬥不懈堅持到底，方能有成功的一天。道理固然不錯，前提是人們應對自己有澈底瞭解，且不固執己見能多方參考他人意見，適時合宜地修正前進的路線與目標才是較為正確的作法。否則，所謂對理想的堅持往往會形成一種執念，只徒然讓自己陷入「我執」的魔障之中而無從掙脫罷了。

佛家認為「我執」是一切煩惱的根源，也是人生修行的一大魔障。我執太深的人智慧無法開啟，且遇事容易形成偏見、斷見，凡事僅先顧慮自己，不考慮他人，最後則會變成一個自私自利的孤苦之人。

所以若說「我執」是人生中的一個大魔鬼，並不為過。如你我這般的凡人，想要完全擺脫「我執」這惡魔的糾纏，實屬不易。

我個人倒很喜歡證嚴上人《靜思語》中「縮小自己」的法門。上人說唯有尊重自己，方能縮小自己。唯有縮小自己，才能放大胸懷。如此一來，不僅能察納更多於己有益的雅言建議，更能走進人心而贏得諸多尊重。

一個人要是能經常以「縮小自己」這四字來提醒自己，等於是請了一位天使長住心中，時時守護著自己能免於「我執」這大惡魔的侵擾。如此不是很好嗎？

Part-3

人際中的魔鬼與天使

11．美髮師小薛的同學會

■小故事．大啟示■

「自卑」就是一種會讓人畫地自限，遇事皆裹足不前的心靈魔鬼。

有位武功卓絕的高傲武士前往拜訪禪師。素來威名遠播、自視甚高的他在見到禪師的雋朗風采及優雅舉止之後，竟有股自卑感不知不覺中油然而生。

從未有過自卑心的武士感覺相當惶恐，便問禪師：「為什麼我會感到自卑呢？在見你之前，我明明一切都還好好的。還有，以前我曾面對過無數次的生死交關，也未曾有過恐懼，可踏進你的院子之後，為何竟會感到如此惶恐？」

禪師微微一笑，領著武士來到禪寺後山，指著矗立滿山的樹木對他說：「你看看那棵大樹，是不是高聳入雲直入天際？再看看它旁邊的那棵小樹，是不是連那棵大樹的一半高度也沒有？說也奇怪，它們如此並存，已有數不清的年月了，我卻從未聽過小樹在大樹面前表達過絲毫的自卑或恐懼之心。你說，這是為什麼呢？」

武士不假思索地回應道：「樹與樹之間又不會做比較。」

禪師大笑：「我想你已經找到答案，不需再問我了吧。」

自卑心讓人幾乎忘了她的存在

小薛是我以前所認識的一位髮廊美髮師，雖後來因搬家之故，已很久沒去找她弄頭髮。不過我依然記得，她對我所說過一個有關同學會的故事。

認識小薛的時候，她一頭俏麗短髮，略趨中性打扮，卻難掩清秀佳人的模樣，著實令人印象深刻。而她一臉親切笑容，以及幫客人介紹髮型時那充滿自信又專業的口吻，更是令人難以忘卻。

說實在，像小薛這樣的美髮師很容易在客人心中留下深刻印象。不過據她自己形容，少女時期她其實是個很自卑、存在感很薄弱的人，很容易就讓人忘了她的存在。

拿小薛高中剛畢業時所舉辦的第一次同學會來說吧。由於是第一次舉辦，所以出席的同學相當踴躍，幾乎全員到齊，然而無論擔任主辦人的班長如何地數算人頭，就是少了那麼一個，偏偏大家一時之間卻又想不起來到底是誰缺席沒來。

這當然不是一個「多出一人」或「少了一人」之類的靈異故事。後來有位同學突然恍然地喊了聲「小薛」以後，大家才總算想起，原來班上還有名叫作小薛的同窗沒來。不過這也不能怪大家夥兒沒有同學愛，要怪只怪小薛實是怪咖一個。

一般說來，一個班級總會出幾個各式類型的怪咖，不足為奇。其中有種常見的怪咖，稱之為孤癖的「獨行俠」，小薛恰恰就屬此類。

班上有任何活動，自卑的小薛從不參與，也從不與同學有所交集。加之高中時期小薛的成績中等，終日於教室裡恬靜不語，在同學心中本就顯得有些模糊，且她從不以翹課或犯錯的方式來引人注意，如此一來，幾乎就和隱形人沒什麼兩樣了。難怪同學會餐宴上，大家一時會想不起來缺席的同學就是她。

本來辦個同學會缺了個人，也不是什麼了不起的大事，關鍵就出在主辦人；也就是小薛高中時期的班長，是位非常熱心且凡事追求完美的大媽級人物。她對於第一次籌辦同學會只差小薛一人，而導致未能全員出席的情形深以為憾，所以第二年舉辦同學會時便下定決心，一定要讓小薛出席。

班長先試著按照畢業紀念冊上的通訊錄，打電話聯絡小薛，卻發現她家的電話號碼似乎早已換掉。於是只好騰出時間親自去小薛家做拜訪，不料其鄰居卻表示，小薛一家已於數月前搬走。所幸鄰居另外告訴班長一條可找到小薛的線索，那就是她正於一家家庭式美髮店當學徒。

小薛在其所工作的美髮店見到班長來找她時，自是相當訝異。不過那天店裡的生意很好，身為學徒的她一直忙幫客人洗頭，片刻也閒不下來。由於班長一直找不到空檔可切入和小薛交談，無奈之餘只好自己「下海」充當客人，並指名要小薛來幫自己洗頭，這才總算有了可以說服她務要來參加同學會的機會。

當時小薛一邊幫班長洗頭，一邊聽她叨叨絮絮地說著同學們的近況。多數時間小薛只靜默傾聽，並沒有什麼特別反應，其實心中早已翻騰不已五味雜陳。

一開始，小薛心裡本有個感激的聲音出現：「像我這樣不起眼的人，班長不僅沒忘了我，竟還肯花那麼多時間跟精神來找我，真是令人意想不到。」

隨著班長談到自己的大學生活，及陸續聽了些同學們的近況後，小薛心中漸被另一種自卑的聲音所盤據：「昔日同學多半成了大學生，而我呢？不過是個洗頭妹。跟他們比起來簡直天差地遠，完全是生活在兩個不同世界裡的人，我拿什麼臉去參加同學會呢？」

因自卑心作祟，小薛表面雖口頭應允班長會出席同學會，事實上同學會那天，她依然成了班上唯一缺席的人。或許小薛的失信實在太傷班長的心了，所以從那時起，小薛就再沒收過同學會的邀請。

十年之後的同學會邀請

小薛的自卑其來有自，那就是她打小就相當困頓的家境。對她而言，能念完三年高中已是上天給她的一項莫大恩典，自是不敢奢望可以繼續念大學。就是這種自卑加認命的心態，讓小薛高中三年的生活幾乎不敢、也不願意和同學們有任何往來，更別提去參加那只會讓她更自慚形穢的同學會。

幸運的是，自卑的小薛在美髮店當學徒時遇見一位生命中的貴人，那就是美髮店的老闆娘，同時也是她的師傅。

起初小薛的自卑性格同時影響著她的學習成果，往往一句客人的小小抱怨，甚或是其他美髮師前輩的善意指正，都會讓她認為自己一點兒用處也沒有，將來根本不可能出師，成為一位正港的美髮設計師。

幸虧師傅後來慢慢地察覺到小薛其實相當具有學習美髮的天份，對於自己所教的技術不僅很快就能心領神會，甚至偶爾還會加上一些自己獨有的見解與創意。唯一問題就壞在她的自卑心，這常使她顯得猶疑而裹足不前，並因此而犯下一些本不該犯的錯誤。

從此師傅改變對小薛的教導方式，總是對她多加鼓勵，鮮少責備，一點一滴慢慢地增強她的自信心與學習興趣。

「真的很感激我的師傅，要不是因為遇見她，就不會有今天的我。」小薛曾這麼對我說。

很快地，距小薛高中畢業那年，十數載光陰已悄然地流逝。這些年的歷練不僅讓她成為一名充滿自信的髮型設計師，也覓得良人結婚生子，擁有一個幸福美滿的小家庭。由於師傅退休以後結束美髮店的經營，彼時小薛便換到一家連鎖的大型髮廊，繼續地從事美髮剪洗染燙的設計工作。

有天小薛無意間迎來一位客人，因這名客人沒有熟識指定的設計師，恰好就輪到小薛來為她服務。略顯福態的女客一見到她就興奮地大喊：「小薛，妳是小薛，沒錯吧？」

「妳是……班長？」小薛認了好半會兒，才總算認出眼前這名看來福福泰泰的婦人，竟是高中時期的班長。

彷彿那年班長特意來邀約自己參加同學會的歷史重演一般，她先是叮囑小薛務要參加下月湊巧即將舉辦的同學會，接著便叨叨絮絮地說些自己及其他同學的近況，讓小薛有種時空錯置之感。不同的是，此時的小薛是很認真地聆聽同學們的近況，對有好事的同學同喜，不好的則同悲，急於想把自己始終沒參與同學會所錯過的這十多年空白給補回來，再沒有昔年那種處處欲與人比較的自卑心態。

小薛終於第一次去參加同學會那年，由於經過多年的滄海桑田，出席的同學只剩一半不到。儘管如此，她還是相當開心，彷彿把心中一塊屬於青澀青春歲月時期的空白和遺憾都給補滿了。

之後小薛年年都去參加一年一度的高中同學會，且很多昔日的高中同學後來都成了她的忠實顧客，讓她多了很多可以談心的老朋友。

自卑心是讓自己裹足不前的心靈魔鬼

絕大多數人或因家世、外貌、殘疾等不一而足，常會興起自卑心。如很多其他躲藏於人心中的惡魔一樣，「自卑」就是一種會讓人畫地自限，遇事皆裹足不前的心靈魔鬼。

如同一開始的故事所言，自卑之魔往往利用人們愛比較的天性，在其心中悄然地滋生。於是人們便會把自己身上的小小缺點開始無限放大，凡事否定自己，認為自己做不好任何事情，也不配擁有美好的人際關係與幸福人生。

某些幸運的人或許如小薛一樣，有朝一日終能遇見一位生命中的貴人來協助自己建立自信心，一步一步逐漸地擺脫掉自卑對人生的啃蝕。不過對於更多遇不見貴人的人而言，不如於心中放上一面「明鏡」來守護自己免於自卑之魔的侵擾，無疑是一種較為積極的作法。

這面屬於心中守護天使的「明鏡」，就是告訴自己在想要洞察這世界的真相以及猜度他人想法之際，應先照照自己的全貌，以免犯了見樹不見林的謬誤。比如當你遇見一個看似比你擁有更多優勢的人時，請先別急著認為這就是事實的真相，以為對方必會看輕自己，便趕忙自卑起來。不妨先以心中明鏡把自己從頭徹尾地照過一遍，只要心平氣靜，你自然能找出一些對方所沒有而自己卻擁有的優點，且人家根本沒有看不起你的意思。接著你進而會發現，自卑其實只是一種超沒必要兼之莫名奇妙的心態而已。

12・卑劣慢科長的隨緣觀

■小故事・大啟示■

若不積極促成因緣往上成長，不把握機會往上成長，害怕吃苦不想往上成長，卻用「不執著」三字一語帶過，這叫作「卑劣慢」。

—聖嚴法師

有個村子的廟裡住著兩位和尚，師兄的性情淡薄謙厚，師弟則是貢高驕傲。師弟往往認為自己要比師兄聰明許多，不僅佛經讀得較多，也比師兄更快能理解佛經中的意旨，因此他心中，是有些看不起師兄的。

有天村子裡來了一群鳥，把農夫辛苦播灑在田地裡的種子給吃光了。農夫們雖十分生氣卻無計可施，只好到廟裡請求謙厚的師兄和尚幫忙，看能不能想出什麼辦法把鳥群給驅離。

既要顧及農夫生計，卻又不能傷及鳥群性命，這任務著實令人為難不已。謙厚的和尚想了許久才想出一個兩全其美的辦法，他取來竹子做了一把能發出巨大聲響的大水槍，藉以嚇走小鳥。

當農夫們以水槍射向前來偷食種子的群鳥時，其所噴發的水柱及轟轟巨響果然嚇得群鳥受驚四散，紛紛飛離田地。問題是過了一會兒，小鳥們見再無動靜，便又成群結隊地飛回田裡啄食種子。如此一來，農夫們便只好反覆地以水槍發射水柱來驅趕牠們，倒也頗為麻煩，又很辛苦。

貢高驕傲的師弟一旁看了以後冷笑地道：「我原以為師兄會想出什麼好方法來幫助你們，如今看來不過如此，這辦法好像不太靈光呢。」

辛苦的農夫們一聽，便請教他：「請問大師是否有更好的法子，來幫助我們趕走這些討人厭的小鳥呢？」

師弟指著村旁的一片樹林，得意地對農夫們說：「這太容易了。依我看，就是因這片樹林裡有太多鳥巢，所以才會有那麼多的鳥。我看那些樹木留著也沒多大用處，乾脆把它們全都連根拔除，問題不就解決了。」

大家聽了師弟的話皆深表贊同，認為這的確是一個治本的好辦法，便聯手將村旁的樹林給剷平。在這之後，果然不再有鳥群飛至田中啄食種子，農夫們皆很高興，紛紛稱讚師弟聰明，而這令他更不可一世地傲慢起來。

天有不測風雲，過沒多久有個颱風侵襲村子，村中所有屋舍皆在強風肆虐之下嚴重受損。這時大家才想起以前因有那片防風林的保護，方能使村子安然地挺過每次颱風。如今就是誤信傲慢和尚的話把樹林給剷平了，才會受災慘重，不禁深感後悔。

後悔的其實不只村民，師弟眼見村子和自己所居的廟宇皆成一片殘破景象，更加深感懊悔。他這才醒覺自個兒竟犯了「我慢」的大錯，由於貢高傲慢的心態，不僅阻礙修行腳步，也看不起天下萬物，竟誤以為那片樹林不重要，才會導致今日之災。此時他已明白自己向來所輕視的師兄，原來才是個真正懂佛法、有智慧，且值得他去效法學習的對象。

人緣欠佳的「隨緣」資深女科長

很多年前朋友H自一所國立大學畢業之後，旋即考進一家大公司任職，當時她的頂頭上司是一位年近中年的資深女科長。

H初和這位女科長相處時發現她終日都掛著一張笑臉，說起話來輕聲細語，一點兒主管的架子也沒有。照理說這樣一位上司，應深受部屬愛戴才是。可進公司一小段時間以後，H便發現事實並非如此，似乎單位裡除了自己以外的其他同事，都不是很喜歡這位笑臉迎人的女科長。不過由於當時H的職務等同是女科長的助理，其主要工作內容就是幫她處理一些瑣碎雜事，和其他同事便鮮少有較深一層接觸的機會，因此一直不太明白自己上司人緣不好的原因究竟何在。

話說回來，女科長待H倒是挺好。常常H自認為只不過是完成了份內所該做的工作而已，她卻會沒口子地拼命稱讚H道：「Good Job，不愧是X大畢業的高材生。」後來H才知道，原來女科長也是畢業於一所頗為知名的國立大學。

漸漸地H和自己的上司愈來愈熟，感情也愈來愈好，除去上班時相處融洽不說，下班後兩個單身女子還會時常相約一起吃飯逛街，簡直快要親如姐妹。

正因如此，H不免開始為自己的好姐妹抱屈，問道：「科長，其實我覺得妳人真的很不錯，也很好相處，部門裡的其他同事卻似乎不太喜歡妳，好像對妳有所偏見，妳不覺得委屈嗎？」

聽了H的話，不料女科長只淡然一笑地說：「別人怎麼看我，我管不著。一切就『隨緣』吧。」

哇塞，想不到科長的心態竟如此豁達、如此雍容大度，這讓H對她更是平添幾分好感與敬意。後來H又發現，「隨緣」二字原是女科長常會掛在嘴邊的口頭禪。比如有時閒聊，H會問她為何遲遲不婚。女科長總回答：「感情這種事強求不得，一切只能『隨緣』囉。」

又比如每當女科長約她要去某家餐廳吃飯，H之前就曾提醒過這家餐廳的生意很好，一定要先預約，偏偏她就不肯。等兩人到了之後才發現餐廳客滿必須等候很久才有位置，女科長便又會說：「乾脆我們換一家餐廳吃吧，一切『隨緣』。」

對於這種隨緣的人生觀，H原本的解讀是女科長乃不忮不求之人，擁有無欲則剛的高尚情操，實值得自己好好地效法學習。誰曉得隨著認識的時間久了，H才慢慢發現事實跟她所想的根本完全不一樣。

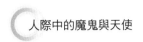

認識隨緣女科長的另一面目

可能是和H愈來愈熟的緣故，女科長開始會在她面前批評一些部門裡的同事。

「那個某某某簡直就是個豬頭，真不知當初他是怎麼考進公司的。」

「某某某連這種企劃書也敢送上來，果然二流學校畢業，也只有這種二流水準。」

且她在批評的時候臉上還會流露出不屑和藐視的神色。

因為進公司的時間久了，H和公司裡其他部門的同事愈混愈熟，經由他們口中，她才算是真正地認識到女科長的另一面目。

聽說當年，年輕時的女科長頂著知名國立大學畢業的光環進入公司，沒過幾年就以極其優異的工作表現升至科長。或許是年少得志的關係，升任科長以後的她在下屬面前常有意無意地流露驕傲習氣，十分看不起非名校所畢業的同事，因而招致許多人的不滿。雖說後經上司提醒，她表面知所收斂，看來似乎總笑臉對待部屬，實則骨子裡卻沒變，許多部屬所提送的企劃書、建議案，只因她看不上眼就被壓了下來，如此作法不僅常使底下人白忙一場，且還很沒有成就感，自然女科長在部門裡的人緣便好不起來了。

另外由於公司制度，女科長若還想繼續往上升等，則必須通過公司的升等考試才行。不知是她考運欠佳抑或其他原因，參加過兩次升等考皆不甚順利的她，看來好像放棄了一樣，再不曾參加過升等考，這便是為何這麼多年來她始終無法升職而成了一名資深女科長的主要原因。

H知曉許多攸關隨緣女科長的另一面後，並沒有因此而放棄與她之間的友誼，畢竟自進公司以來，她對自己始終都還不錯。

有一回H大著膽子問女科長，為何多年以來她都不願再參與公司升等考？看來這問題是有點觸碰到女科長的忌諱了，她先是臉色微慍，過了好幾十秒後才總算壓抑下情緒緩過神來，強顏笑地道：「對於升不升職這件事，我不是很執著，一切隨緣吧。」

雖然女科長嘴裡這麼說，不過先前的神色早已出賣了她原本的心思。照H的臆測，女科長真正想說的應該是：「難道連妳也因此而看不起我嗎？像我這麼優秀的人，考兩次沒過已經很丟人了，我才不要再去自取其辱。」

過了幾年以後，H升上科長，並換到別的部門服務，漸漸地和女科長的往來減少。又過了兩年，H通過公司升等考，不過升官之後沒多久便因被挖角而離開了原來的公司。

很久以後，H偶然聽見以前的同事說起一直雲英未嫁的女科長已申請退休，準備結束她一生隨緣的職場生涯。

隨緣有時只是傲慢和不求長進的藉口

於佛家而言，「慢」是貪、瞋、癡、慢、疑、邪見，六個會讓人產生煩惱的心魔之一，也常是障道的根本。一個人若心中有了「我慢」，就會讓莫名的優越感矇蔽心靈，認為其他人皆不如自己，同時亦輕賤世間萬物。人若如此，不僅將如前面故事中那位貢高我慢的和尚師弟一樣容易犯下錯誤，也會使自己的人際關係變得緊張與疏離。

佛經之中，將慢心分為好幾種，其中一種就稱之為「卑劣慢」。什麼是「卑劣慢」呢？已圓寂的法鼓山聖嚴法師在世時曾如此開示過，他說：「**人人都在努力求進步，自己卻自暴自棄，還美名『不執著、放得下』，這是一種自卑、懦弱的不健康心態**」；「**若不積極促成因緣往上成長，不把握機會往上成長，害怕吃苦不想往上成長，卻以『不執著』**三字一語帶過，**這叫**

作**『卑劣慢』；不僅是自卑，且是以傲慢的態度來掩飾自卑。**」

如同心理學家曾說過，自傲往往來自於自卑，這正和佛家所謂「卑劣慢」說法恰巧不謀而合。和上一節所說，人因單純的自卑而阻礙人際關係的建立比較起來，「卑劣慢」無疑是一個住在人們心中，道行更為高深的魔鬼。

要想不被這麼厲害的魔頭摧毀掉人際關係，阻礙求進步的腳步，便要請出心中「謙卑」與「樂觀」這兩位天使來守護自己。心中若有了「謙卑」，自然而然就能與萬物及他人和諧相處；心中若有了「樂觀」，便不會因一時挫折而自暴自棄不求上進，變得凡事只能無奈地說聲「隨緣」而已。

13・慳吝苦剋的小方同學

小故事・大啟示

人可以窮，卻不能有貧窮心態，以免減省了金錢，卻喪失了人緣。

城裡的近郊有座果園種滿了枇杷樹，不僅其所結出的枇杷果實香甜多汁，聽說就連枇杷葉也有治病療效。因此每當到了收成季節，總會吸引城裡的人攜老扶幼地前往果園摘採。

奇怪的是，枇杷園上方總會有隻小鳥不斷地盤旋。每當有人接近時，那隻鳥就會開始大聲啼鳴，尤其當牠見人們開始伸手摘取枇杷果葉之際，就會啼叫得更大聲，且聲音聽來頗為淒厲。若加以仔細聆聽的話，那隻鳥彷彿是在叫著：「我所有，我所有！」

有一年不知怎地，來枇杷園摘取枇杷的人比往常還多，眼見滿園結實纍纍的枇杷就要被人摘取殆盡，那隻鳥的樣子看上去可是急壞了，不斷急促地在果園上空飛來飛去，且還厲聲地啼叫不停。對於這隻鳥的怪異行徑，年年皆來採果的人們早已司空見慣、見怪不怪，所以根本沒人理牠，大家依然故我地繼續摘取枇杷。那隻鳥兒持續哀鳴的結果，就是最後終於吐血而亡。

一群比丘聽聞此事，實不解那隻鳥兒為什麼會哀鳴致死，便回去向佛陀請教。佛陀感慨地說：「這都是慳貪的習氣所使然啊。」

原來很久以前城裡住著一名年輕人，父母過世以後繼承大筆遺產。他唯一的興趣就是每天計數自己所擁有的財產到底有多少，一心希望能愈多愈好，所以便連來年即將收成的作物也一併算入財產總值之中。城郊那座枇杷果園，正是他的財產之一。

這個一心巴望著財富能愈來愈多的年輕人，總認為家中只要多一口人吃飯，就會讓自己的財富縮水，於是便將父母在世時所僱請的老傭人們全部辭退，令他們頓失所依、流離失所。不僅如此，年輕人甚至連成家的打算也省了，因他根本不欲養育妻小，以免多耗米糧。等孤家寡人的他老了以後，雖確實積累了一筆十分龐大的財產沒錯，卻無任何子嗣可以繼承，故待他百年之後遺產便沒入國庫，全數充公。

佛陀說那隻鳥的前世，就是那名慳吝的年輕人，他投胎成為一隻鳥後，由於依然放不下前生習性，總認為那片果園是自己的，捨不得別人摘採，才會不斷地鳴叫著「我所有，我所有！」直至吐血而亡為止。

辛勤刻苦省吃儉用的用功同學

朋友小何讀書時想搬離不太自由的宿舍，於是便在學校附近租下一層三房公寓。不過公寓租金之昂貴，實非他一個窮學生所能獨立負擔，因此便打算找人一起合租，以共同 share 租金。好不容易終於找來一位學長同住，分攤掉三分之一的租金。雖僅餘三分之二的房租，不過於他而言，仍是一筆為數不小的開支。無奈小何四處詢問，所認識的同學皆早已有了落腳處。

迫不得已的情形下，小何只好去找小方同學，看他是否願意搬來與自己成為室友。為什麼說是迫不得已呢？那就得先從小方同學這人的性格開始說起。

大家對小方同學的第一印象，就是他非常用功。用功的大學生並不多見，小方的用功是他的優點，但他有個非常讓人受不了的缺點，那就是他非常喜歡與人爭辯。比方說僅是對一個現象、事件或狀況的看法不同，他就可與同學辯、與教授辯，非辯到有個結果出來方肯罷休，可說是非常堅持而又固執己見的一個人。不過若事後證明是他有錯，他倒也會大方認錯，還會對對方的不吝指教表示感謝。其實這種性格照理來說應算不上是什麼大缺點，反該稱讚，說他實是一個鍥而不捨、慎思明辨的好學生才是。只不過有時他實在是太「盧」

了，大家反而不太喜歡與他聊天，就怕萬一聊天話題中要是誤觸某個機關的話，就會引來一場無止無休的爭辯。

除了用功和與人爭辯之外，小方同學所給人的另一鮮明印象，就是他的節儉。曾有位喜歡賣弄成語的同學，就以「慳吝苦剋」這樣的成語來形容他節儉的程度。

「慳吝苦剋」是什麼意思呢？只要翻開辭典那麼一查，就會知道這是用來形容一個人辛勤刻苦、省吃儉用之意，其實勉強算得上是一句稱讚人的成語。不過，這恰恰就是小何之所以迫不得已，去找小方同學合租房子的真正原因。因為想要說服慳吝苦剋的他搬離租金低廉的學校宿舍，與自己合租公寓，真是談何容易的一件事情。

本來三人同住，每人負擔三分之一的房租，聽起來是再公平合理不過的一件事情。可這麼一來，就會比住在學校宿舍的租金還要多，想要小方同學同意，無疑是天方夜譚。

幸好，一間屋子的房間總是有大有小，幾經周折協商以後，小何終於說服小方願意搬進公寓同住。條件就是讓小方同學住進跟其他兩間相較起來只小了那麼一點點的房間，卻只要負擔五分之一的房租即可。慳吝苦剋的他算上一算，跟四人一房的學校宿舍相比，居住空間變大，租金卻相對變少，自是一樁相當划算、非常值得自己欣然同意的買賣。

事情發展至此，雖說小方同學幫忙分擔的租金不多，於小何而言卻是少少貼補聊勝於無，該算得上是一個雙贏的圓滿結局。殊不知當他們住進公寓一個月後，又有新的問題產生。

節儉了金錢，喪失了人緣

這是一個小何之前未曾想過的問題，起因於一個月後陸續所接到的電費、水費和瓦斯費帳單。本來三人同住，每人負擔三分之一的水電雜支，聽起來是再天經地義不過的一件事情，可是慳吝苦剋的小方同學卻不這麼想。

首先他認為自己的電用得較少，因為他從不到客廳吹冷氣、看電視，多數時間只窩在自個兒房裡念書，所以電費應該少付一些才合理。

其次他表示自己的用水相當節儉，每天僅簡單沖一次澡，且沖澡時所使用的都是冷水，自然沒有消耗瓦斯的問題。故他主張自己所負擔的水費應該減少，而瓦斯費則應全免。

由於小方同學不肯負擔三分之一的水電雜支，為此小何還特地找了個時間，打算要讓同住的三人坐下來面對面且好好地協調一番。

前面已提過，小方同學是個好辯、堅持、固執而又節儉的人，所以想當然耳此次協調本難以會有個圓滿結果。這就算了，偏偏協商過程中，他還對同住的學長提出針對性的發言。

「學長洗澡的時間超久，每次我都聽見浴室裡的水嘩啦啦地流個不停，且熱水器的聲音也從沒斷過。還有，學長常會帶女友回來坐在客廳裡吹冷氣看片子，一坐就是好幾個鐘頭。所以我認為，學長應付較多費用，這樣比較合理。」

「見鬼了，我怎麼會跟一個這麼吝嗇，又這麼愛計較的人住在一起，真是倒霉透頂。」對小方同學的發言非常不爽的學長撂下話後便憤而離席，協調終告破裂。

事情發展至此，小何很後悔自己為什麼要辦這場所謂的協調會，更後悔當初為什麼非要找小方來同住不可，還真是見鬼了。無奈之餘，最後殘局還是得由自己負責收拾才行，一方面既要安撫生氣的學長，另方面還得繼續地與小方就水電瓦斯等雜支費用商討出一個共識來才行。最後小何費勁唇舌與小方懇談許久，才終於說服他願依房租比例來支付五分之一的費用。

經過此次事情以後，讓小何的生活品質受到不小影響。額外所支付的水電負擔使他荷包縮水固是原因之一，另兩名室友彼此間的不友善才更是令人深感困擾之處，這常使得夾處其中的他覺得屋裡氛圍格外彆扭、冷清，心情受到頗大干擾。

這樣的生活捱了大半年，好不容易等學期結束以後，房租約滿，才宣告終結。三人拆夥後小何與學長都另外找人同住，而慳吝苦剋的小方則獨自搬回了學校宿舍。

和小方同住以前，小何跟他並不是太熟，只約略聽過一些他的風評，知他人緣似是頗差。當時小何認為大家對他未免過於苛責，畢竟擇善固執和勤勞節儉並不是什麼壞事。自從經歷這段「同居」生活以後，他才有了深刻體會，確實，小方實是個不太好相處的人。

又過了一學期，按當時學校規定，小方必須遷離宿舍，將其讓給較低年級的學弟進住。聽說一直找不到同學合租房子的他依然發揮慳吝苦剋的性格，找到一間居住品質惡劣；不僅沒窗、不通風又無採光，且租金亦十分低廉的地下室雅房，繼續過著刻苦艱困的求學生活。

人可以貧窮，卻不能有貧窮心態

記得有回在電視上看見一個關於理財的談話性節目，其中有位來賓曾說過一句令人印象深刻的話，就是「人可以貧窮，卻不能有貧窮心態」，且他還舉了一個有關朋友的例子加以說明。大意是說他有兩位同為經商的朋友，第一位朋友明明經濟狀況還不錯，卻天天把「窮」字掛嘴邊，搞得後來大家與他相處時皆有很大壓力，不敢與之有過多生意上的往來。另一位朋友則明明實際狀況沒有第一位來得好，卻很樂於與大家社交往來，該花錢的時候不小氣，從不喊窮，於是大家和他相處時便覺得融洽，因而樂於與他有更多生意上的合作。最後第二位朋友的生意愈做愈好，終於超越了第一位時不時就喊窮的朋友。

人對於自己所擁有的一切，是要珍惜沒錯，只是有些人或出於天性，或出於後天環境使然，將自己身邊所擁有的種種物質財富看得過重，反忽視人與人之間的情誼義理，慢慢地便於心中養出「慳貪」的魔鬼，如同那位投胎成為一隻小鳥的年輕人以及上述故事中的小方同學一樣。這種人可能老是會在心中想著：「一切皆屬我所有，誰也別想從我身邊拿走一絲一毫」、「這又不該是我付出，憑什麼要我吃虧」。如此一來即便他們省下金錢，卻喪失人緣。而人緣，恰恰是決定人際關係好壞與否的重要關鍵，一個人際關係欠佳的人，通常是很難以成功的。

這不免讓人聯想到佛家「結善緣」的觀念，意即要與世間人、世間萬事萬物都能結下一份好緣，此即屬修行的重要功課之一，而結善緣的重要法門，就是「佈施」。所謂佈施，便是抱著歡喜心，將自己所擁有的分一些給欠乏的人，所以仔細想想，佈施其實應等同於是一種「分享」的概念。

一個樂於分享的人心中往往會想：「我擁有的已經很多了，大可分出一些給我周遭的人，讓大家都能感受到喜悅，就算偶爾吃點虧，也算不上什麼。」如此一來自不會受到心中慳貪之魔的引誘，變成一個不受歡迎的討厭鬼。所以人務要於心中騰挪出一些空間，作為「分享」這位天使的容身之處，如此就能使自己的**人緣倍增、人際關係愈來愈好，那麼離成功就不遠了**。

14．見不得別人好的斑花

小故事．大啟示

一個人唯有將見不得別人好的嫉妒心，化為願意時時予人祝福的隨喜心，方能得到幸福。

遠古時代有個叫作摩伽陀的國家，國王飼養了一群大象。這群大象之中，有一頭長得十分特殊，不僅遍體通白，且牠的毛還十分光滑柔細。為此，國王特意找了個馴象師來專責照顧這頭大象。

馴象師相當喜歡這頭白象，不僅細心照顧牠的飲食起居，也很認真地教牠學習各種技藝。經一段時間之後，這頭聰明又通人性的白象和馴象師之間已然培養出深厚情感，彼此達到心意相通的境界。

有一年摩伽陀國舉辦了一場盛大慶典，國王便打算騎著這頭白象前往，以便在接受子民擁戴歡呼時可好好地神氣一番。接到命令之後，馴象師花了很多心思替白象細心妝點，使其看起來非常莊嚴隆重，之後便將牠交給了國王。

到了慶典那日國王騎在白象上，並在文武百官簇擁下，開始威風凜凜地在城裡遊街。由於那頭白象本就相當漂亮，加上馴象師為其細心裝扮之後更是吸睛，終引得全城百姓紛紛圍攏觀看，邊稱讚之餘還邊高喊著：「象王，象王」，歡呼之聲響徹雲霄。

怎麼百姓高喊的並不是「國王」而是「象王」呢？眼見白象竟比自己還要受到萬民歡迎喜愛，騎在象背上的國王心中十分惱怒，不開心之餘他隨隨便便地在城裡小繞一圈之後，便提前回宮。

回宮之後國王將馴象師召來，問他：「你訓練白象那麼久，可有訓練出什麼技藝嗎？」

早已聽聞今日遊行之事的馴象師戰戰兢兢地應道：「不知您所指的是哪方面的技藝？」

國王賊笑地道：「比如說，牠能不能表演一些特技動作？」

猜不透國王心意的馴象師只好答說：「應該可以」。

國王得意大笑，立即下達一道命令：「那好，如此你明天就帶著白象，在我們摩伽陀國和波羅奈國相鄰的那個懸崖上，表演給我看吧。」

第二天馴象師和白象站在懸崖邊上，國王說：「你能讓白象用三隻腳，站立於懸崖邊嗎？」

馴象師答：「可以。」

當他騎上象背，和他心意相通的白象立刻就縮起一隻腳。國王又說：「那麼你能讓白象兩腳懸空，只用兩隻腳站立嗎？」

馴象師一聽，就讓白象聽話地照做。

國王接著又說：「很好。你能讓白象三腳懸空，只用一隻腳站立嗎？」

馴象師已心下瞭然，知國王起了殺機，決定要置白象和自己於死地。他在心中對白象說：「這次你要格外小心，慢慢地縮起三隻腳，穩穩地用一隻腳站立。」

白象果然相當謹慎地照做。

當圍觀百姓見牠僅以一腿便穩穩地立於懸崖邊，且聞風不動時，不禁為白象熱烈用力地鼓掌且大聲地喝彩叫好。

國王見這一幕後心底愈發不平衡，殺意更深。他對馴象師說：「乾脆你令牠把最後一隻腳也縮起來，整頭象懸空給我看吧。」

聽見國王的話後馴象師心中一沉，正當他自覺這回白象與自己終難逃一死時，不可思議的事情發生了。

白象像是感應到馴象師的無奈與恐懼，突然奮力一躍，竟載著馴象師躍過懸崖，進入另一邊波羅奈國的國境裡。

一直在國境邊界看好戲的波羅奈國國王和人民赫見白象來歸，不斷地歡呼大叫，充分表達了他們由衷的歡迎之情。卻見另一頭的摩伽陀國王只能吹鬍子瞪眼，就算恨得牙癢癢，也無可奈何。

三千寵愛集一身的天之驕女

之前的故事中曾提及一位友人小芳，她為人熱心又雞婆，有著現代人少見的俠女性格。若非她曾親口向我提及中學時期的往事，我還真不敢相信向來看似堅強好勝的她在慘綠少女時，竟有一段當人跟班的丫鬟歲月。

在那多數高中依然是男女分班的年代，小芳班上有位女同學堪稱天之驕女，為人人所公認的班花。既能成為班花自是漂亮，不在話下。可說真的，容貌姣好只是一個班花應有的基本條件，更難得的是她的課業表現竟相當亮眼，甚至連家世背景等各方面條件也十分不錯。

一個條件如此優秀的女生會變成眾所矚目的焦點是理所當然的，不僅師長喜歡、想追求她的異性多如過江之鯽；連一堆女生也搶著想要圍繞在她身旁，小芳就是其中之一。不知為何經過一段時間之後，這位班花雖仍廣受異性喜愛，可願在她身邊、與她為友的女同學卻明顯減少。到最後，班花身邊只剩小芳一個手帕交而已。

這時，小芳身邊開始有許多朋友經常在她耳邊說些班花的壞話。「她的個性那麼差，妳怎能受得了啊」、「妳要小心喔，不要哪天被她賣了還不曉得」、「她根本是個見不得別人比自己好，雞腸鳥肚的女生，勸妳還是別跟她走得太近」。

每當有人和小芳說這些話時，她總笑而不答，心裡想著：「妳們之所以會這麼說都是出於嫉妒，真正見不得別人好的，應該是妳們這些人才對吧。」

或許是出自一種無知少女的虛榮心，她總覺得跟班花在一起時不論走到哪都會受人矚目，成為男生眼球所追逐的「嬌點」，這對一向自覺相當平凡不受人所重視的小芳而言，無疑是一種相當棒的體驗。

無論如何小芳始終堅持要好好地守護她與班花之間的友情，即使後來她成了別人口中所謂「千金小姐身邊的小丫鬟」，她也不以為意。

「丫鬟就丫鬟唄，人家的確比我優秀，也長得比我漂亮啊。」小芳總這麼告訴自己。更何況千金小姐對自己這個所謂的丫鬟也相當不錯，不論有什麼好吃、好玩的，總不忘要算上自己一份。既如此，還有什麼好怨的呢。

拿件事情來說吧，時常都會收到名校男同學邀約的班花，總會帶著小芳一起赴約。其實和這些男生在一起也沒做什麼特別的事情，頂多是吃吃東西、看場電影什麼的，可當小芳被一群穿著名校制服的男生包圍，享受那種眾星拱月並引來其他女生所側目的虛榮時，即便她明知道那群男生眼中的第一女主角並非自己，對她而言還是一件相當令人開心的事情。

小芳萬萬沒想到的是，她這丫鬟有天竟會成為一位男孩心目中的最佳女主角。

孤獨起因於見不得別人好的狹隘心

往往和男孩們出遊結束之後，小芳都不免會對每位男孩品頭論足一番，然後跟班花說些類似「那個還不錯，給妳做男朋友好了」之類的玩笑話。

每當小芳如此說時，班花總能挑出該名男生的缺點，還會回她說：「我根本不喜歡那種類型的男孩，不過我看妳倒是蠻喜歡的樣子，應該給妳當男朋友。」

「少來。人家喜歡的是妳，又不是我。」這是每回小芳的制式回答，她很有自知之明，一直不認為會有男生看上自己。

有回小芳又跟班花與三名男孩一同外出，情況卻有了改變。其中有名姑且稱之為A君的男生非但沒有圍繞在班花身邊打轉，倒反對小芳頻獻殷勤，似乎對她較有好感的樣子。

「怎麼可能，是不是我會錯意了呢？」小芳雖芳心暗喜，可還是不免有些懷疑。這也難怪，因為以往幾乎沒有男生會將注意力放在自己身上，於是她便想要徵詢一下閨中好友的意見。

小芳先試探性地問班花：「妳覺得那個叫A君的男生怎麼樣？」

「看起來好像呆呆的，像根木頭一樣，我才不喜歡那種類型的男生呢。」

聽完班花的回答後小芳心想：「A君那天幾乎沒跟妳說上兩句話，都嘛是在跟我聊比較多，他明明是個很幽默風趣的男孩，只是妳沒發現罷了。」

不過從另方面來說，好友小華的回答就讓小芳覺得很高興。「幸好她不喜歡A君，否則妳肯定沒機會。」

於是之後小芳又問班花：「妳覺不覺得，那個A君好像有點兒喜歡我？」

「……哈哈，怎麼可能，妳想太多了吧。」聽見小芳所說的話後，班花先是愣了一下，然後竟哈哈大笑起來。

班花如此反應不僅讓小芳覺得有些受傷，也有點困惑。難道有男生喜歡自己就那麼好笑嗎？還是……這真只是誤會一場，一切不過是自己自作多情而已？

幸好過兩天A君託人傳來一封信，給了小芳答案，那信的內容明顯表達A君對她的傾慕之情。讀完信的當下，小芳整個人感覺輕飄飄地好像快要飛起來的樣子，這種前所未有的感覺，使她一整天都禁不住地一直傻笑。其實不怪小芳會有如此誇張反應，畢竟這可是她生平所收到的第一封情書，且這封情書背後所代表的意義，就是她將要迎接人生中的第一場戀愛——初戀。

這令人雀躍不已的喜事，小芳第一個想要分享的，自然是班花好友。小芳喜孜孜地將自己視若瑰寶的情書拿給好友看，本以為她會替自己感到高興，想不到她的反應竟有些冷漠，遠不如自己所想像的那樣熱烈。

「這也難怪，原是我太大驚小怪，才收到一封情書就興奮成這樣。人家她所收到、還分給我看過的情書，都數不清有多少封了，所以對於這種事情，她應該是無感了才對。」當時小芳還替好友的冷淡反應做了如此解釋。

之後幾天小芳多沉溺於戀愛的「幻想」中，滿心期待A君的下一封情書能速速地捎來，又或者會提出一場浪漫約會的邀約也說不準。可惜的是，一切似乎真只是小芳的幻想而已，日子一天天地過去，A君寫了一封表達傾慕的信給她之後，竟從此不再有任何隻字片語捎來。

期待中的一場甜蜜初戀根本還未成型就莫名奇妙地夭折，這令小芳相當難過。年少的她臉皮薄，始終提不起勇氣去問A君到底意欲為何，難道只是他的一場玩笑，純粹為了尋她開心而已嗎？每每想到自己可能被人耍，小芳就會去找班花傾訴，不知在她面前流了多少委屈的淚水。但小芳作夢也意想不到的是，害她初戀無疾而終的人，偏偏就是她的這位班花好友。

大約一兩個月以後，有天小芳在街上遇見A君的同學，因曾一起出遊的關係，對方認出她，並向她打了招呼。兩人小聊一會兒之後，小芳終於鼓起勇氣跟那人探詢有關A君的事情。事實證明，有些事或許永遠不知真相還比較好些。原來，A君之所以不再與小芳聯絡，竟是因班花透過自己所認識的男生，散佈很多惡意中傷她的流言。

「他們說妳是個很隨便的女生，就是很容易把的意思。我個人是不信啦，不過A君那個笨蛋卻好像信了。」A君的同學如此說。

得知這事的小芳當時就像挨了一記悶棍，頓時之間感到天旋地轉，於是趕忙編了個理由跟對方道別，然後一路哭著跑回家。

在那之後，班花還是廣受男孩們的歡迎，看似十分風光，只是在班上，卻連小芳這僅存唯一的朋友也失去了。

將嫉妒化為祝福，才能得到更多幸福

人們常不自覺地會於心中出現「見不得別人好」的念頭，比方說電視上看見某位很有成就的人，就會有種聲音不斷地在腦海裡響起：「又沒什麼了不起，他不過是運氣比我好罷了」。又比如故事中的班花，當她見到男生青睞的對象竟是小芳而非自己時，心裡不開心，便因而出現了「我才不會讓妳稱心如意」

的破壞性想法，且還付諸實行，到處去散佈中傷好友的流言，做出損人又不利己的事情來。之所以如此，皆因人們心裡住了個名為「嫉妒」的惡魔，才有此等「見不得別人好」的負面想法存在。

佛說三世因果經裡曾提到「鰥寡孤獨為何因，前世狠心嫉妒人」，其所講的自是輪迴，然而事實上心中只要有了「嫉妒」之魔存在時，或許不用等到來生，今世即有可能受到一生孤苦無依的現世報。原因很簡單，因為要和一個嫉妒心強的人相處實在是過於辛苦，最後必會搞得友叛親離，一生孤苦無依。

佛家認為要對付「嫉妒」這種惡魔，就要常保一顆「隨喜心」。什麼是隨喜心呢？簡單一點說就是當你見別人身上有好事發生時，就會跟他一同高興的一種正向心態。若試著把隨喜心再講得世俗口語化一點，就是一顆「祝福」的心。

試想，如果故事中的班花得知好友小芳有了新戀情時能心存祝福，對她說一句時下所流行的祝福用語：「一定要幸福喔」，說不定她和小芳之間的友情就會是一生一世，如此便圓滿了人生中屬於朋友的緣份。所以說當心中有了

「祝福」的天使存在時，「嫉妒」惡魔就不方便再出來作怪，你所能擁有的幸福也將更多。

Part-4

親情中的魔鬼與天使

15．差點成了遊民的弟弟

■小故事．大啟示■

對孩子捨不得放手的溺愛像種病毒，常於不知不覺中扼殺了孩子。

有個打獵經驗十分豐富的獵人，他的槍法早已練到百步穿楊、百發百中的境界，所以山林中的動物們都非常畏懼他。

這天獵人揹上獵槍，還牽上他那隻兇猛的獵犬，至山林中準備開始打獵。走沒多久，他遠遠地就看見一隻羽毛漆黑的烏正停在樹上聒聒大叫，當獵人還在考慮到底要不要射殺牠時，牠竟大著膽子先行一步飛到他的身邊來。

黑鳥問：「請問您是傳說中那位槍法如神的獵人嗎？」

見獵人點頭稱是，黑鳥立即鼓起如簧之舌對他大拍馬屁，不僅稱讚他槍法了得，還表示牠絕對相信獵人此行肯定能滿載而歸云云。俗話說「千穿萬穿馬屁不穿」，獵人經過黑鳥一番連珠砲似地稱讚後，倒不好意思射殺牠了。

黑鳥眼見獵人對自己已有了好感便打鐵趁熱，趁機對他提出一個要求。牠用諂媚的語氣說道：「獵人大哥，我想以您的槍法，不管想要打什麼獵物想來都不是問題。不過是這樣子的，我可不可以拜託您，請放過我的孩子們呢？」

聽了黑鳥的話獵人大受感動，心想：「原來這隻黑鳥冒著被我射殺的生命危險，跑來跟我說了這麼多好話，只是想求我別殺了牠的子女。真是可憐天下父母心。」

於是他對黑鳥說：「我可以答應你的要求，不過有個問題，那就是——我不知道你的子女們到底長得什麼樣子。」

黑鳥驕傲地說：「這簡單，我的孩子們是世上最美麗的鳥，只要您碰上很漂亮的鳥，那肯定就是我的孩子錯不了。」

獵人說：「明白了。我一定會遵守諾言，絕不會獵殺你的孩子，請你放心。」

得到獵人的保證之後，黑鳥便很高興地聒聒叫了幾聲飛走了。

獵人繼續他的打獵行程，往山林深處走去。過不久，他就看見一隻頭戴寶冠，羽毛斑斕絢麗的漂亮孔雀出現在眼前。

他心想：「這隻鳥如此漂亮，一定是黑鳥的子女沒錯，不能打。」

往前走沒多久，他又看見一隻全身寶藍色的帝雉，正悠閒地散步。

他心想：「這隻鳥雖不如前一隻美麗，但還是挺漂亮的，說不定也是黑鳥的子女，還是不能打。」

「怎麼到處都是黑鳥的孩子啊？」這時獵人開始有些後悔答應黑鳥的請求，正當他唯恐今日將會空手而歸之際，正好見眼前有一隻全身漆黑，還頻頻發出怪叫聲的烏鴉飛了過來。

獵人大喜，心想：「這隻鳥很醜，肯定不會是黑鳥的小孩。」於是就在槍聲響起的同時，烏鴉亦應聲墜地。

獵人彎身準備拾起獵物時，原先的黑鳥出現了，不斷地指責他不守信用。獵人被罵得不明所以，便大聲地回話說：「我並沒有不守承諾啊，這隻鳥醜成這樣，怎麼可能會是你的小孩呢？」

弟弟是家裡最「大」的人

有位如今工作上獨當一面頗有成就，家庭也堪稱幸福美滿的女性友人，曾跟我於聊天時提起，她是「女卑男尊」環境下所成長的家庭背景。

「我小時候，家裡最大的人不是我爺爺、奶奶，也不是我爸爸、媽媽，而是我弟弟。」友人說。

友人是家中次女，上面還有一位姐姐，弟弟出生那年她正好四歲，剛上幼稚園小班。為什麼她會記得這麼清楚呢？因為自打弟弟出生以後，家裡的大人就把全部注意力都放在弟弟身上，再沒人問她今天在幼稚園裡學了些什麼，再沒人有時間肯聽她唱剛才所學會的兒歌、看她跳剛才所學會的白兔舞。

「嫉妒」這種藏於人心的惡魔，很可能是人一生下來就有的。當時才四歲的她應該還不太會思考，更不懂有「嫉妒」這詞彙的存在，不過她記得當時自己就已經很討厭弟弟了。儘管大人們對弟弟的照顧可說到了無微不至的地步，但百密一疏，她總能逮到機會趁大人不注意時，偷偷捏襁褓中的弟弟那肥嘟嘟的大腿一把，把他給疼得哇哇大哭。每當大人聽聞哭聲急急地趕來一探究竟時，看見的卻是滿臉天真無邪的她掛著一抹微笑，正輕輕地拍打、撫慰著啼哭中的小弟弟。

「這麼小就會照顧弟弟，真乖。」其實除了欺侮弟弟時會有一種莫名的快感外，大人的這句稱讚才是年紀小小的她心中最期待的。只有這時候，她才會有種被大人所正視的感受。

幸虧她這種欺負弟弟的行徑並未持續太久，所以沒被大人覺察。原因不是她良心發現，而是被當時念小學一年級的大姐給看見了。她發現大姐顯然比自己還更富有愛心，非但不生氣弟弟的出現奪去大人寵愛，相反的還很喜歡弟弟。於是在大姐的警告和薰陶之下，她開始嘗試著去喜歡這個笑起來的確頗有幾分可愛的小嬰兒。

不過友人坦承，直到離家去念大學為止，她始終沒有真心喜歡過弟弟。隨著弟弟一天天地成長，從大人那裡所分到的愛愈來愈多，於是便和友人之間產生嚴重競爭甚至是相互排擠，自然讓她很難以真心地去喜歡他。

印象最深的一次就是媽媽明明答應只要念小學二年級，就會讓她學跳舞，可是當爺爺奶奶發現尚在讀幼稚園的弟弟很有可能是個天才，有什麼見鬼的繪畫天分之後，就命令媽媽要把原本給她學跳舞的預算，挪去給了弟弟學畫畫。為了這件事情她氣了好久，儘管媽媽對她再三解釋、致歉，她仍未能釋懷。自那以後，她便再也未曾開口向爸媽要求要學習任何才藝。

至於說到爺爺奶奶認為弟弟是個繪畫天才這件事情，在弟弟學畫學了一個月以後就破功了。因為還在念幼稚園的他根本不是一個可以坐得住的小孩，要他安靜坐著畫畫幾乎成了一件不可能的任務，於是在哭鬧了幾次以後，爺爺奶奶就放棄讓他繼續去上繪畫課的這件事情。

一點沒錯，「哭鬧」一直是弟弟小時候最厲害的武器；有了這項武器，他可以無所顧忌地對大人們予取予求，無往不利。那時友人覺得，弟弟其實才是這家裡最「大」的人。

長大以後的弟弟成了生存低能兒

友人考大學時，故意放棄離家較近的大學，而選擇較遠的學校就讀，乾脆離家住校。最主要原因乃在於，她對家裡的不平等待遇始終心存芥蒂，一旦離家則眼不見為淨，亦毋需再與那令她厭惡的弟弟天天見面相處。她不懂，大人如此這般溺愛，使得國中階段的弟弟明明已有了些偏差行為，像是經常頂撞師長、翹課、抽菸等，為什麼家人似乎還能這般縱容，視而不見？這問題直到她出了社會工作並結婚生子以後，才漸漸有了些模糊答案。

她結婚懷了第一個孩子，當醫師告知她是個女兒時，她心中充滿豐沛的母愛。那時她曾暗誓，定要將生命中最好的一切給女兒，絕不讓她和自己一樣，只因是女生，就得不到父母全部的愛。後來又生了個兒子，她同樣告訴自己，對待小孩要公平，絕不讓孩子感受到父母的愛是有所差別的。後來才發現，儘管她對兩個小孩已很努力地想做到公平，但在兒子女兒心中，還是會認為媽媽偏心。這就算了，更讓她驚訝且不安的是，她覺得有時自己似乎步上爺爺奶奶及父母的後塵，對小孩好像太過寵溺，而導致他們養成一些不太好的習性。

常有兩種聲音在她心中爭論不休。一個聲音說：「父母疼小孩是天經地義的事情，這麼做根本沒有錯。」另一個聲音則會跳出來提醒她：「太寵孩子，恐怕只會讓孩子永遠長不大。」

所謂養兒方知父母恩，她常想，當初父母在對待自己和弟弟時，或許心中同樣有著許多無奈和矛盾吧。甚至後來她回想，才發現：由於父母對自己的寵愛不若弟弟，反倒讓她養成獨立自主的個性，這對日後做人做事有很大的幫助。相反的，向來備受寵愛的弟弟卻反成了一個生存能力很差的人。

說回友人的弟弟，他好不容易混到專科畢業，當完兵之後就如台語俗諺所說的：「一年換二十四個老闆」，工作總做不了太久。後來爺爺奶奶和爸爸陸續往生，媽媽因失智症而住進療養院，家裡的存款和房子都留給他，之後他便乾脆不工作，整天只吃喝玩樂渾噩度日。友人實在看不過去，故有很長一段時間都沒和弟弟聯絡，直到有天姐姐跑來告訴她，說弟弟失蹤了。

姐妹倆這才發現，父母所留給弟弟的房子早已遭到變賣，四處找不到人的情形下，她們只好報警協尋。後來警察在網咖臨檢時找到弟弟，當時他以網咖為家已生活了幾個月，身上僅剩幾千塊錢，再這麼下去等他錢都用完了，很有可能會變成流落街頭的遊民也說不定。

目前友人和其姐幫弟弟租了間小套房，並時常去關心照顧他，可他大少爺呢，都三十多歲的人了，工作上依然是三天打魚、兩天曬網，日子一天天地混。

我曾問過友人，不覺得有這樣的弟弟是一種負擔和拖累嗎？友人笑說原先當然會這麼認為，但後來她接觸佛法以後，才慢慢地接受了這個弟弟，說白一點，其實他就是自己生命中的「逆境菩薩」。

「從我弟弟身上，我看見父母錯誤的教育方式，對孩子會產生多麼嚴重的不良影響，我常以此為戒，並努力地反省自己要如何改進對小孩的教養方式。」友人如是說。

溺愛是種病毒，常在不知不覺中扼殺孩子的生存力

友人弟弟的故事和開頭的那個故事一樣，烏鴉因對孩子盲目的愛反而害死了孩子，讓我想起之前所看過的一篇周刊報導。

有位壽險業工作的李小姐在孩子一歲時，請了名外傭回家幫忙照顧孩子。從此孩子只要一張口就會有人把飯餵進他嘴裡，一伸腳就會有人把鞋襪套上，就連東西掉了也不必自己撿，全由外傭一手包辦。等這孩子上小學之後被發現功課老是做不完，經醫師檢查以後才得知他罹患一種名為「手指肌肉無力」的病症，肇始於孩子從小一切皆假他人之手服侍得好好的，故而手指肌肉缺乏鍛鍊所造成。仔細想想，這不正是「愛之適足以害之」的最佳例子嗎？

父母對孩子的愛是天生自然，這種愛用得恰當、恰好，便成了守護孩子成長的天使。反之若用得過多、過當，便會成為扼殺孩子成長的魔鬼。慈濟的證嚴上人曾於《靜思語》裡說過：「父母過份愛子女的心會反射成為其煩惱，對子女要放心，他們才能安心。」

「放心」這兩字說得真好，唯有放心，做父母的才能「放手」讓孩子自我成長，方不至於讓人世間最珍貴的親子之愛，反成為扼殺孩子日後生存能力的兇手。

16．讓殺人犯流淚的荷包蛋

小故事．大啟示

有孝心的人就像身邊多了一位天使，時時為他擋去來自魔鬼的誘惑。

昔時舍衛國佛陀引領著眾弟子向南直行，忽見路邊有堆白骨。那會兒佛陀立即跪了下來，以五體投地之大禮向那堆枯骨頂禮膜拜。當時佛陀的弟子阿難覺得很奇怪，以世尊如此崇高地位，為何要對路邊一堆枯骨行如此大禮？

佛陀說：「只因這堆枯骨，有可能是我累世中某幾生的先人或父母，所以我才要對他們頂禮膜拜。」

接著，佛陀便要阿難將那堆白骨分成兩堆，男子一堆，女子一堆。阿難懵了，只好稟告佛陀說：「人在世時，可依其打扮和外表分出男女，可如今成了一堆白骨，看來都是一個樣子，教弟子如何分辨得出來呢？」

於是佛陀便教導他如何分辨男子與女子骸骨不同之處，其中祂提到一段話：「世間女子將生兒育女之事視為天職，每個嬰孩皆需仰賴母乳方能活命。母乳是由血所化成，每個嬰孩都吸了比八斛四斗還要多的白乳，導致母體憔悴，所以女子死後，其骨骸顏色會顯得較男子略黑，重量也較輕。」

他聽聞佛陀的話後憶及親恩心如刀割，問道：「我要如何才能報答母親的大恩大德呢？」

佛陀便趁機先向眾弟子詳述母親懷孕時的種種辛苦，並列舉父母對子女的十大恩德。分別是：**第一、懷胎守護恩。第二、臨產受苦恩。第三、生子忘憂恩。第四、咽苦吐甘恩。第五、迴乾就濕恩。第六、哺乳養育恩。第七、洗濯不淨恩。第八、遠行憶念恩。第九、深加體恤恩。第十、究竟憐愍恩。**

對於父母這十大恩德佛陀亦分別做了十分詳細的描述和解釋，當講到第十點究竟憐愍恩時，祂說：「父母對子女的恩德既高且深，他們對子女的憐愛從不停歇。不論子女站或坐，他們的心思皆依附在子女身旁。不論子女離自己或近或遠，他們的掛念始終相隨。就算母親活到一百歲，依然會時時為自己已八十歲的子女感到擔憂、牽掛。想要知道父母對子女這份恩愛何時才有盡頭的一天嗎？那就是，一直持續到父母生命消失那一刻為止。」

以上的故事，就是佛經《佛說父母恩重難報經》中的一小部分。

想不到有天竟會和殺人犯同處一室

有個在年輕時經常喜歡與朋友喝上兩杯的友人，曾與我說起一個有關他酒友K君的故事。

平日裡K君算是個上進的年輕人，勤勤懇懇地上班賺錢，他唯一的嗜好就是下班以後，三不五時地吆喝酒友喝個兩杯。雖說與友小酌聊聊是非本不是什麼壞事，問題就出在K君有個很不好的習慣，便是他會酒後駕車，每次喝完酒無論朋友如何地勸阻他不要開車以免危險，他總不予理會。其實每當朋友相勸時，往往K君腦海裡也同時會浮現母親要他不要酒後開車以免誤人誤己的話，這時心裡便會有個聲音告訴他：「為了別讓媽媽擔心，你還是搭計程車吧。」偏總又有另一個聲音讓他心存僥倖：「你酒量那麼好，且開車技術嫻熟高超，坐車既浪費錢又麻煩，何必呢。」

因景氣不好之故，K君慘遭裁員，當時一群酒友約說要請他喝酒，好舒解一下他暫時失業之愁。幾杯黃湯下肚以後K君便豪氣陡生，除了大罵老闆識人不明、不懂惜才外，還自誇不出幾日，肯定能再找到比之前更好的工作。K君一番酣暢淋漓地發洩情緒，酒終人散之際，搖搖晃晃地走到自己車旁準備上車，眾酒友一如往常，皆勸阻他「醉不上道」。他依然未予理會，只說了句「安啦」，要大家放心，然後便開車離去。

「夜路走多終遇鬼」這句話說得真是一點兒沒錯，這回K君不如以往般幸運，酒駕終讓他出了事故。可能是失業心情不好之故，他比往常喝酒時的醉意更濃上幾分，於是一個恍神沒注意到前方的車子已因紅燈而停下，就往人家的車尾撞上去。好死不死恰巧又有兩名交通警員騎車經過，這下子連想跟對方私下和解的機會也沒有，就被逮進警局以公共危險罪移送法辦。

法官姑且念在K君初犯，未造成重大事故且又與對方達成和解，便判他拘役數十天，得易科罰金。彼時K君屈指一算，若自己不想進去蹲那幾十天的苦窯，則需付出一筆高達十幾萬元的罰金。雖說硬湊還是能湊得出來，畢竟心疼，且當時他正處於失業狀態。幾經思量後K君牙一咬，做出了一個艱難的決定——錢難賺，不如坐牢去吧。

K君入監之前一干酒友為他設宴餞別，大夥兒紛紛虧他就是不肯聽勸，方惹來這場牢獄之災。當時體內酒精正作祟的他還豪氣干雲地對大家說這不算什麼，更吟詩一首以證明自己根本無所畏懼：「慷慨歌燕市，從容做楚囚，引刀成一快，不負少年頭。」待他一踏進看守所中的監牢，身後鐵門「碰」一聲重重地關上那一刻起，一股陰冷氣氛不禁使他汗毛豎起。

緊接著，一個面無表情的獄卒竟要他當眾脫褲，還得彎下腰掰開自己的菊花以供檢查是否有無攜帶違禁品入內時，他竟眼泛淚光。畢竟自他長這麼大以來，這還是頭一次自己掰肛門給人看，心中真有不盡的屈辱。此時，他為自己只想省錢而進來坐牢的愚蠢決定感到後悔，卻不知還有更可怕的事情，正在後面等著他。

生平第一次坐牢的K君為人倒也乖覺，一入囚室後便立刻忙向四下打恭作揖，他明白這小小牢房之中，撇除自己以外的其他「室友」們，應該都是一些他所惹不起的棘手人物。

果然在晚餐過後，房裡眾人便一臉殺氣騰騰地坐定，他們將K君給團團圍住，說是要公審他。

囚室中所謂的室長（最資深的囚犯）一臉神情嚴肅地宣布「開庭」，被一群凶神惡煞模樣般的人給團團包圍住的K君自是嚇得臉色發白。原來牢房中所謂「公審」，就是要審明新囚究竟所犯何事才會被關進來，若被審者不願據實以告的話，日後當被查知是強姦犯或是傷害父母的不孝之人，那麼以後日子可就不好過了，屆時將會每天都受到獄友們的「特別關照」。幸好，待這些神情不善之人知K君只因酒駕才會鋃鐺入獄後紛紛神色一緩，這才稍稍地減去這小小斗室之中的肅殺之氣。

K君好不容易可以鬆口氣的同時，接下來的「自我介紹」，卻又讓他馬上繃緊神經，這些室友們的「豐功偉業」真可說是「罄竹難書」，聽來十足令人驚心動魄。他們之中有慣竊犯、搶劫犯、綁票犯等不說，還有一位因酒喝得不爽就朝人家酒店天花板開槍的黑道大哥。

最後，有個戴眼鏡長相看來十分平凡，實在很難猜出他究竟所犯何罪的中年大叔說話了：「我殺了人，殺的是我老婆。」

瞎米？K君一聽差點昏倒，他真是作夢沒想過有天自己竟會和一個殺人犯同處一室，甚至連吃喝拉撒睡也在一起，老天這玩笑未免開得太大了吧。

父親臨終前交代妹妹送進來的荷包蛋

日子難過，還是得過。K君身為囚房中罪最輕、資歷最淺的新人，自然得包辦房中所有雜務，諸如洗碗、洗廁所、擦地等。他時時於心中提醒自己，凡事一定要做到溫良恭儉讓，千萬別開罪其中任何一名獄友，只求能平平安安地度過這幾十天的牢獄生活，那就阿彌陀佛了。

看守所中閒來無事時，獄友們最常做的事情就是聊天，研究一下彼此案情。隨著日子過去，K君對同處一室的這群「同學們」有了更多瞭解，當然包括那位殺了妻子的中年大叔。

大叔的故事一如社會新聞中常出現的樣板，他是個計程車司機，因懷疑妻子與他人有染，故憤而行兇。那年他犯案時，正巧鄰居聽聞他夫妻倆開始有了劇烈爭吵便趕緊打電話報警，待警察抵達時見他正揮刀殺人，於是毫不猶疑地立即開槍射穿他的手掌加以制止，並將他以殺人現行犯當場逮捕。不幸的是他的妻子因傷勢過重，經緊急送醫搶救過後仍宣告不治。最令人不忍的是，據說他砍殺妻子的當下，一雙稚齡子女就在眼前，眼睜睜地目睹媽媽被爸爸殺害。

K君發覺大叔平時不太喜歡與人聊天，多時僅一人坐在角落裡，拿著一本佛經默誦，要不然就是一邊用左手輕撫被子彈貫穿過後所留下疤痕的右手掌，一邊翻開那份報導自己殺妻新聞的舊報紙呆呆地看著。若不是K君看過那份舊報紙的內容，實在不太相信眼前這面部表情始終不多，看來像是一臉平靜的中年人，居然會是個狠心殺妻的殺人兇手。

人還真有十足強韌適應環境的能力，朝夕相處下來K君對於這群室友的恐懼慢慢地減少，逐漸適應獄中生活。唯有一件事情他還不太能習慣，就是獄裡的飲食。由於「牢飯」實在太難吃了，所以獄中最令人期待的，無非是獄友有親人前來面會並送進美味外食的那一天。不過對K君而言，他倒挺害怕媽媽來探望自己，因為每回見老人家隔著玻璃，拿著話筒一把眼淚一把鼻涕地同自己說話時，心情總是格外沉重。

有一天，眼見獄方規定面會的時間就快過了，卻遲遲沒有任何一位獄友的親人前來，當大夥兒認定那天恐怕沒有牙祭可打而感到失落時，許久沒有親人前來探訪的大叔卻在此時意外地接到面會通知。

大叔出去時，大家都很開心，猜想著不曉得待會兒他會帶回什麼好料替晚上加菜。沒多久後大叔回來，見他一進牢房就滿臉呆滯地坐下，將手上一個塑膠袋放在地上。K君上前一看，才發現原來攤開來的塑膠袋裡裝得竟是多顆煎得很漂亮，且淋上醬油的荷包蛋。

不過大叔的神情看來實在有點怪異，似乎有些哀戚，於是大夥兒瞬時便都安靜下來，不禁面面相覷，不知究竟他發生了什麼事情？忽然間，人人見大叔臉上開始有淚水滑落，慢慢地由默默流淚轉變成為輕聲啜泣，不久之後又從啜泣變成嚎啕大哭。直到最後，大叔竟哭至全身劇烈顫抖的程度，喉中還不時發出驚天動地一如牛叫般的哭吼聲，他似乎想藉由這般吼叫，將心底滿滿的悲慟給一股腦兒地發洩出來。當時K君簡直被眼前大叔這撕心裂肺的哭吼給嚇到，他從未見過一個中年男子竟能哭得如此這般傷心，更何況這中年男子於他而言，本應是個沒血沒淚、令人膽顫心驚的兇殘殺人犯才對。

後來大家才知道，原來那袋荷包蛋是那天早上大叔的父親臨終之際，特地交代女兒煎好帶進獄中給哥哥的。因為老人家知道，兒子平時最喜歡吃的就是淋了醬油的荷包蛋，而這，是他生命即將結束之前所能為兒子做的最後一件事情。

父親之死不僅讓大叔持續哭了整整一星期，待他連向檢方申請返家奔喪的請求被駁回以後，他便開始不停地自摑巴掌，嘴裡還喃喃地唸著「不孝」二字。

沒多久後K君總算出獄並找到新工作，他喝酒的次數明顯減少，重要的是即使偶爾與朋友在外聚餐，也不曾再酒後駕車。之所以能做到「酒後不駕車、駕車不喝酒」，是因獄中大叔那自摑巴掌咒罵自己不孝的畫面，不時會出現在他眼前，連那悲痛不已的哭吼聲也不時在他耳畔縈繞，似是提醒著他，千萬別再做些會讓父母擔心的事情來。

孝心就是天使，能守護自己不致做出後悔之事

佛教教義裡一直把「孝順」看得很重，甚至認為若是一個不孝之人，根本連修行的資格也沒有。還有一句俗諺是這麼說的：「百善孝為先」，我個人也認為是有其道理存在的。

人生旅途中，總充斥著種種陷阱，隨時皆有可能出現屬於魔鬼的誘惑，使人一不小心就行錯了路、做錯了事。

一個會把父母放在心中，內心存孝之人，就像多了個守護天使在身邊一樣。每當他遇見魔鬼的引誘想做出一些不好的事情，只要一思及這麼做的結果

有可能使父母擔心、傷心甚至是蒙羞時，心中便會多了一層顧慮，自然就能推拒來自魔鬼的誘惑，因而成為一名善良的人。難怪佛家總說，父母就像是供養在家中的菩薩，真是一點也沒錯。

《詩經》的〈蓼莪〉裡亦曾有「蓼蓼者莪，匪莪伊蒿。哀哀父母，生我劬勞。」「無父何怙，無母何恃？出則銜恤，入則靡至」之語，此皆提醒人們，雙親健在是何等幸福。前些日子看了一則新聞，說是有位作家訝異地發現，原本他一直以為自己還有二十年的時間可以陪伴父母，不想經過仔細計算以後，居然算出其實真正能陪伴父母的時間竟只有短短五十五天。

「子欲養而親不待」雖是句老話，但真心期盼每個人都能好好地珍惜父母在身旁的美好時光，千萬別日後徒留遺憾。

17．令家人親緣變薄的媳婦

■小故事．大啟示■

親人間相處尤其要發揮「同理心」，方能呵護今生珍貴的親緣。

村中有個年輕的媳婦和婆婆關係很不好，她覺得婆婆總是拿些小事來刁難自己，處處與自己作對。時間久了，她與婆婆鬧得愈來愈僵，竟起了想殺害婆婆的念頭。

媳婦打聽到鄰村來了一位道士，號稱能幫人解決各式各樣的疑難雜症，百試百靈。於是她便找一天偷偷去見了那名道士，對他說：「我婆婆時常凌虐我，我實在受不了了，你能不能幫我除掉她，但不要被人察覺。」

道士聽了媳婦的話微微一笑地說：「這簡單，我可以給妳一瓶丹藥，其實是一種慢性毒藥，只要每天餵妳婆婆吃一顆，三個月後她的身體就會逐漸地愈來愈虛弱，到時妳再來找我，我就會給妳另一瓶毒性較強的丹藥，讓妳婆婆生一場大病以後死去，如此便能不被起疑甚至是發現。」

媳婦聽了道士的話後很是高興，她付錢取過丹藥時，道士特別提醒地對她說：「記住，妳要騙妳婆婆說這是對她身體有益的補藥，餵她吃藥時一定要裝出很孝順恭敬的樣子，如此才不會讓她有所懷疑。明白嗎？」

媳婦自然點頭稱是，且依道士的交代回家照辦。

三個月後媳婦果然又回來找道士，不過看起來卻是滿臉懊悔的樣子，她流著眼淚拜託道士說：「請你救救我婆婆，我不想毒死她了。」

道士聽了之後便故作訝異地問她為何會突然改變心意。

媳婦哭著說道：「不知為什麼，我照你的話每天都假裝很孝順恭敬地去騙我婆婆吃下毒藥，婆婆卻開始對我愈來愈好，不僅不再找我麻煩，且簡直就像親娘一般地疼愛我。如今我真的很後悔，居然讓她吃下那麼多的毒藥。」

道士聽了媳婦懺悔的話後哈哈大笑地說：「放心吧，其實我所給妳的丹藥只不過是一般糖果，又哪裡是什麼真的毒藥呢。」

強勢媳婦與嘮叨婆婆的戰爭

朋友的弟弟S君與H小姐結婚後育有一子，一家人就住在母親家的樓上。S君的母親是位獨立堅強的長輩，由於兒子的經濟狀況不好，先生已然逝世多年的她便一直在菜市場做小生意來養活自己，從不曾伸手向兒子要過錢。

為什麼S君的經濟狀況會不好呢？說起來他也不算是個浪蕩子，就是不會為日子做打算這麼簡單而已。他與H小姐婚前交往的那幾年，不知怎地兩人竟糊裡糊塗地就花掉了壹百多萬元，導致他們婚後自然成了卡債一族，每月都被信用卡的沉重利息給壓得喘不過氣來。

正因如此，S君的母親非但沒要求兒子媳婦要奉養自己，反倒心疼夫妻倆辛苦上班還債，忙到沒有時間做飯，唯恐他們因吃不好而影響身體健康，故而日日都備妥豐盛晚餐，叫住在樓上的兒子一家下來用飯。她知道媳婦平日裡喜歡吃螃蟹，便常常不惜成本買幾隻價格不斐的螃蟹回家料理，好讓媳婦能偶爾打打牙祭。

照理來說有個這麼好的婆婆，H小姐應要感到高興才是，可事實並非如此。問題就出在她的個性強勢，偏偏婆婆又是那種喜歡管東管西且又嘮叨成性的女人，如此一來便漸漸開始在婆媳關係中埋下了隱憂。

「心好無人知，喙壞尚厲害」，意思是說即便你打從心底對別人好，別人也不一定能有所體會，但若出言說了人家幾句，別人立刻會有不舒服的感覺。S君的母親就是如此，雖然她是真心想對媳婦好，但就愛管東管西一張嘴唸個不停，因此常引起強勢H小姐的不快。

隨便舉個例子來說好了，有一回S君夫妻倆為犒賞自己平時上班的辛勞，一家人便計劃安排著要來上一趟墾丁之旅。S君的母親知道以後認為他們現今的經濟狀況並不是很好，去墾丁玩一趟的食宿交通費用，加起來不免又得花上個幾千塊錢，如此一來豈不雪上加霜？於是便出言加以勸阻，還叨唸要兒子媳婦節省一些，儘早把卡債還清方為上策。可H小姐聽了之後卻很不高興，她認為自己辛苦了許久，偶爾適時度個假放鬆一下也很正常，婆婆未免管太多了吧？故她還是強勢堅持地要求老公定要如期出發，將婆婆所說的話全給當作馬耳東風。類似這種婆婆有其想法，媳婦有其立場之事，其實嚴格說來也不算是什麼大事，但層出不窮的結果就是日子久了，婆媳雙方便會於心中留下芥蒂。後來終於導致有一天，婆媳間的關係完全澈底地決裂，導火線竟只起因於一件雞毛蒜皮般的小事。

家不寧的夜半，突如其來燒起一場大火

這一天S君的母親強忍對媳婦的諸般不滿，還是準備打電話請兒子一家下樓來用晚餐，當時S君還在公司加班，所以下樓吃飯的只有媳婦H小姐及孫子。那天天氣有點熱，做奶奶的見小孫子吃飯吃得滿頭大汗有些心疼，不免唸叨了媳婦兩句：「天這樣熱怎麼還給小孩穿這麼多衣服？妳看，流這麼多汗，等一下萬一吹到風的話怕是要感冒了。」

S君的母親嘴裡一邊碎唸，一邊準備動手要替小孫子脫下外套。平時H小姐最討厭的就是婆婆介入自己教養小孩，即便類似像穿衣吃飯這等小事也一樣，加上是日她可能因工作疲累心情欠佳的緣故，眼見婆婆就要幫兒子脫去外套，竟二話不說一把就將兒子從婆婆身邊給拽了回去。這動作在老人家看來自是無禮又粗魯的，當婆婆的先是愣了一下，隨即回神大罵：「妳這是做什麼，

當人家媳婦可以是這種態度嗎？」

H小姐根本不想理會婆婆，抱起兒子一句話也沒說，扭頭就想離開。此時婆婆火大了，硬是在門口抓住孫子的胳膊不讓媳婦帶走，雙方竟上演起拉扯搶小孩的戲碼來。當時只兩歲的小孫子一手被奶奶拽住，另一手連著身子則又被母親抱住，硬是扯著要離開，他的手既被拉疼，心裡又很是害怕，不禁哇哇大哭了起來。聽見兒子哭了以後H小姐許是害怕弄傷他，只好把他往地上一放就一個人怒氣沖沖地離開。

事情到這兒還沒了，婆媳交手之後餘怒未消，各自深感委屈的情形下分別撥了電話去討救兵，婆婆自然是打給兒子S君，媳婦則是打給自己的弟弟。不久之後門鈴聲響起，H小姐有了弟弟助陣以後，便侵門踏戶地上婆婆這兒，想把孩子給帶回去。由於雙方火氣都很大，自是免不了劇烈爭吵，婆婆不斷地指責媳婦的態度惡劣無禮，H小姐的弟弟則回嗆時代早已不同，哪還有非得是婆尊媳卑的道理。

雙方吵得不可開交之際，S君終於匆匆地趕回。真難為他了，一方面得安撫氣到快要中風的傷心母親，另方面又得勸解盛氣凌人的小舅子以及深覺委屈的妻子，好不容易經百般忙亂之後，才終於讓這場婆媳大戰暫告落幕。

人們常說家和萬事興，家不寧則禍不停。說也奇怪，就在這件事情發生以後沒多久的某天半夜，S君家中便發生了一場火災。幸虧當時對面樓的鄰居發現得早，立刻打電話報警，當消防隊趕到時立即將整棟公寓的住戶疏散，包括S君的母親也是在睡夢中被叫醒逃離現場的。那時她站在樓下望著兒子家中烈焰沖天時不禁全身發抖，急得眼淚簌簌地掉個不停，直到兒子一家被雲梯車給救下時方才稍稍安心。火災當下為護住妻兒的S君成了受傷最嚴重的一個，因吸入性灼傷而做了氣切治療，所幸全家人的性命在救災及醫護人員的救護之下，總算保住。

S君一家人住院那段期間，母親不僅一方面得經常至醫院照看他們，還得負起向房東及同一棟大樓的住戶們不斷道歉以及協商賠償的責任。另外火場清理復原的工作更是累人，這事足足讓老人家忙了月餘，險些累出一場大病來。不過她這麼做的結果並未換來媳婦感激，兒子一家出院以後還是執意搬離，再不願與她同住一幢樓。

自那之後，除了S君久久才會獨自回去探望母親外，H小姐可說是完全與婆婆斷絕往來。正因如此，多年來S君的母親再也不曾與兒子一家團聚過，甚至連除夕理應全家一起圍爐的那天也不例外。自此他們不曾再吃過「團圓飯」，一次也沒有。

親人間的緣份得來不易，請用「同理心」仔細呵護

世上親情大多來自兩處，一是血緣，一為婚姻。無論哪一種親情，都相當值得人們珍惜維護，不為別的，只為一句話：「說到底都是一家人。」

當你去算命時，常會聽見算命師有種說法，說某某人的「父母緣薄」、「子

女緣薄」、「親人緣薄」等。往往聽見一個人帶有此種命格時，心中便會油然地生起一種悲涼，深感人生在世本就有諸多磨難辛苦之處，若此生與家人緣分淺薄，少了一份來自於家人的溫暖扶持，那豈非更加無助？故此，又怎不教人感到悲慘與悽涼呢？

所以雖不確定這種所謂「緣淺緣薄」究竟是否真為命定，就算它是好了，也應有後天努力改善的空間才是，如同人們常說的，凡事「三分天注定，七分靠打拼」。拿上述故事為例，雖說清官難斷家務事，但無論孰是孰非，只要婆婆與媳婦皆肯多付出「一份心」，就不會使一家人變成「我雖知你還活著，此生卻不再相見」的悲哀結局。她們所需多付出的那份心，其實就是所謂「同理心」。

佛家的說法中，人際間的煩惱很多時候皆因「我執」作祟，當婆婆受了我執心魔的控制，會認為「我」是婆婆，妳理應聽「我」的。而做媳婦的卻認為明明就是「我」有理，「我」才不甩你呢。若雙方皆以「我執」動心起念，則自然毫無交集可言。然則一個人要想減少「我執」心念損傷親情，除了前面篇章所提過的「縮小自己」外，便是要培養自己的「同理心」。

有了同理心，婆婆就會站在媳婦的角度設想，心中自然便會出現天使的聲音：「如果我是個在外辛苦上班的媳婦，回來後還有個這麼愛管我的婆婆，應該會很不耐煩吧。」反之，媳婦心中的天使也會提醒她：「將來若是兒子結婚換我當了婆婆，我應該會希望媳婦能適時尊重我一下。」

如此一來婆媳關係自會改善，不至於因一些無謂的日常爭執，徒然讓珍貴的親緣愈磨愈薄。其實「同理心」在任何人際關係中都是很好用的一項法寶，只是有時人們會忘了該把它用在自己親愛的家人身上，方能呵護得之不易的親緣。何況再進一步想，若以佛家輪迴業報的觀念來說，今生若你沒能跟親人結成好緣，求得一份圓滿，則來世不僅仍會再結為親人，且生生世世所累下的積怨還會愈來愈深，沒個盡頭，到時豈不是更辛苦嗎？

18・走不出喪父之痛的女兒

■小故事・大啟示■

謙卑認清無常有朝一日終會到來，這是一件再正常不過的事情。

佛經中有個關於無常的小故事，說佛陀在世時有名婦人因幼子突然喪生而感到悲慟萬分，始終無法接受兒子已經死亡的事實，所以逢人便問，世上有沒有一種能使她兒子得以起死回生的靈丹妙藥？

婦人後來打聽到佛陀具有大神通，便滿懷期望地去請求幫助。佛陀對她說：「妳想要的那種藥我可以幫妳製造出來，但如今缺了一門配料，需請妳去城裡找一戶家中從不曾有親人死亡過的人家，並向那戶人家要一些菜籽回來給我，我便能幫妳把藥給製作出來。」

婦人聽了佛陀的話後心中燃起兒子可能復生的希望，開始努力地在城裡挨家挨戶地打聽，希望能找到一戶人家是未曾有過親人亡故的。最終婦人當然註定要失望，她發現原來每一戶人家都曾遭受過失去至親的痛苦，並不單單僅她一人有喪子之痛而已。

婦人回到佛陀身邊告知這個結果之後，佛陀慈悲地開示她：「如今妳應明白，世人皆要面對『無常』終會到來的真相。」

慈父驟逝令女兒哀慟逾恆性情大變

一名友人離婚之後獨自帶著幼子生活，成了單親爸爸。雖然後來他交了一個女友L小姐，幾年下來兩人的感情也算穩定，L小姐卻遲遲沒有要與他共組家庭並一起生活的打算，究其原因有二。

其一是，在公司擔任中階主管的L小姐母親早逝，唯一的哥哥已成家搬了出去，家中和她同住的便只餘父親一人。從小她與父親的感情就相當緊密，雖說父親身體硬朗毋需特別照料，但已年屆不惑的她卻仍捨不得為結婚而離開自己的父親，讓他成為獨居老人。此外，「繼母」這角色一直讓L小姐多所顧慮，她始終沒把握自己可以勝任有餘，這便成了她不願與男友步入婚姻殿堂的另一原因。

L小姐一直不肯下嫁，友人倒是未曾介懷，他認為自己既然深愛女友，便應尊重她的決定才是。且交往幾年以來，他始終很感激L小姐的陪伴與鼓勵，若非如此，他很有可能會走不出當初婚姻失敗的陰霾，也不可能會有如今身心皆感安適的幸福日子。後來他便不再對L小姐提出任何有關結婚的想法，只滿足於當下這般感情有所依慰的生活。可惜的是友人心中如此靜好的歲月並未一直持續下去，乃因L小姐的父親突遭變故所致。

素有晨運習慣的L小姐之父，一天早起運動時，竟不幸被一台橫衝直撞的轎車給撞死。當時正在家中梳洗準備上班的L小姐聽聞鄰居來報，連衣服也來不及換，穿著睡衣便往父親時常運動的小公園方向衝去，半路就教她親眼目睹父親橫死街頭的慘狀，害她當場哭得肝腸寸斷，差點就暈死過去。

可能是慈父驟逝對L小姐的打擊太大，這令原本脾氣十分溫和的她竟變得暴躁易怒，一反常態。比如友人幫她處理父親後事那段時間，往往會因一些細瑣小事，而遭女友苛言怨懟：「你怎麼這麼馬虎隨便，因為死的不是你爸嗎？」每當L小姐這麼對他吼時，他總能體諒女友失去至親的那種痛苦，不忍多加計較或者是辯解，心中想著無論多大傷痛，總有一天終能平復。L小姐父親的遺體要被送進火葬場那天，他見她淚眼汪汪地緊抱棺木，不忍讓工作人員移走的模樣時，就知道父喪之痛有可能會在她心中停留很久很久。

果然日子一天天地過去，離L小姐父親的後事辦完已有大半年，她卻仍時刻緬懷與父親相處時的種種日常細節，夜夜都要哭上許久直至淚水濡濕了枕頭方能入睡，一直沉溺於喪父悲痛之中無可自拔。身邊的人嘗試著想要勸解她，不過她總說：「死的人是我最親愛的爸爸，你們根本不能體會我心中的痛。」連她哥哥來勸，她也認為那是哥哥對父親的愛遠不如自己，所以才會這麼快就放下。

眼見女友日漸消沉，父親的死似令她喪失了人生奮鬥的目標，連素來所熱愛的工作也失去以往拚勁，常三天兩頭稱病請假不去上班，友人心中雖滿是焦急和疼惜，卻無計可施。他曾試著邀女友一同做趟長途旅行以轉換心情，結果不僅被一口回絕，還被指責是沒有心肝的壞蛋，都這時候了，居然還有心思想著出去玩。

L小姐的情形每況愈下，除了上班之外幾乎把自己關在家裡，拒絕與外界接觸。即便友人半哄半拖的情形下好不容易才終於約出去吃飯，也常因她的情緒問題而導致兩人發生口角，最終弄得不歡而散。若以如此模式繼續地相處下去，友人唯恐最後連兩人之間這幾年來的感情，也將一點一滴地消耗殆盡，於是便逐漸不再約她外出。

罹癌之後被迫重新思考生命的意義

有段時間這對情侶幾乎不再見面，僅剩每天通上一次電話，勉強維繫那看似即將消失的情緣。其實L小姐曾猜想著自己可能是得了憂鬱症，才會將日子過成這樣，搞得如今好像連男友都快要失去了似的。有時她會於心中思量：「我是不是該振作起來？還是去看醫生吧。」每當她有如此想法時，心中就會有另一個聲音對她說：「算了吧，反正連爸爸都棄我而去，看醫生又有什麼意義呢？」

於是L小姐拖著日子，每天百無聊賴地活著，直到有天「無常」再度找上門來，才終於逼得她非去看醫生不可。

那天友人如常地打電話給L小姐，只聽見話筒中傳來她斷斷續續的啜泣聲。原先他以為是女友又在思憶亡父才會哭得如此傷心，沒想到經一陣耐心關懷詢問之後，卻聽見女友放聲大哭地對他說：「我流了好多血！我好怕，怎麼辦？」

聽見L小姐出意外，友人自是二話不說急忙趕去她家，立即將她送醫。原來L小姐自前一晚就感覺腹痛，且每次如廁都拉出好多血來，令人怵目驚心。後至醫院經過一番檢查，醫師證實她罹患大腸癌，建議最好馬上住院開刀割除，然後再進行化療。

當時，聽見醫師宣判自己罹癌的L小姐心中雖有恐懼與不安，不過表面上看來還算鎮定，她反倒見身邊男友，臉上兀自掛著兩行淚水。哭了，這陪在她身邊多年的中年男子，竟為了她的病而掉淚？

頭一次見男友哭泣的L小姐好生訝異，這不禁讓她重新認真地檢視一遍自己與男友間的關係。最後赫然發現父喪以後，她曾一度單方面認為已不再重要且刻意忽略的男人，原來仍是她內心深處最為堅強的倚靠，而那些淚水，更教她明白自己的存在於這男人而言，是如此重要。真是，自己真的好笨好傻，一直以為失去父親等於失去一切，卻差點因此而錯過這依然陪伴在自己身旁，最值得好好珍惜的男人。

想通以後L小姐終於走出失去父親的陰霾，決定要勇敢地面對自己的疾病。雖然開刀很痛，化療很辛苦，好在男友全心全意的陪伴下總算度過。其實陪伴她的不只男友一人，還有他那小小孩，時不時會伸出胖嘟嘟的小手輕輕地拍她，替她加油打氣。

或許再過不久友人就能求婚成功，遂他想把L小姐給娶回家的心願。

在無常面前只能謙卑，並以正常心面對

佛曾說：「愛別離是苦」，有朝一日無常來到並奪去摯愛至親時，的確是一

種相當難忍的痛苦。即便這世上最聰明、最有權勢之人亦無法避免無常，更何況是一般人呢？所以平日不妨偶爾思考一下當無常找上門時，到底要以什麼樣的心態準備來面對它。

親人逝去時，人們會有悲愁、憂慼、啼哭、煩惋、懊惱等種種痛苦感受，這些皆乃人之常情，無可避免。重點是，接下來呢？有些人可能會因看不透、勘不破、放不下，而讓自己長期沉溺於負面情緒之中，如此一來傷害的往往不僅自身，也會讓身邊的人替自己感到擔憂，更會令已逝親人不能安心地離開，去祂所該去的地方，可說毫無益處。故若有天當無常找來，不想變成一個讓生者不寧、逝者不安之人，便要時時提醒自己對於無常應有的認識才好。

前些日子看了齣戲，戲中有個開了一輩子救護車的駕駛員角色，他不僅日日看盡人生無常，就連自己妻兒也因一場無常的車禍而被奪去性命。對於無常認識很深的他便說了這麼一句饒富智慧且極有哲理的話；他說：「面對無常最好的方式，就是正常。」

這句話的意思其實是，人要謙卑地認清人生在世，無論摯愛親人或是自己，終有面臨無常到來之日，這只是一件再正常不過的事情罷了。仔細想想，的的確確是這樣子沒錯。

只要有了這基本認識，就不會讓無常搞得自己心中憂思過度諸魔叢生，因而亂了本應繼續前進的步伐。

Part-5

愛情中的魔鬼與天使

19．不執著的小隻男也有春天

■小故事．大啟示■

能放下對情緣消逝的執著即成天使，反之則化為惡魔，傷人傷己。

有位多才多藝、出身名門、身姿婀娜且擁有傾城容顏的少女已到嫁齡，卻仍執意不肯出嫁。即便她家中門檻，已快被慕名的名門世家公子所遣來提親的媒婆給踩斷，少女仍癡癡地等待真愛到來，期盼有一天能遇上一個可真正令她鍾情，並委以終生的男子。

有天少女去參加廟會時，無意間在熙來攘往的人群中看見一位風采翩翩的絕世佳公子，霎那間她立刻知道自己這一生中所等待的人已然出現。無奈當時廟會人潮洶湧，你推我擠，紛紜雜沓，任她一個弱質女子無論怎麼努力也無法撥開人群好靠近那名男子，最終只能眼睜睜地看著他消失在茫茫人海中。

之後少女每天都會到遇見男子的那座廟前等待，卻始終未曾再遇見過他。失望落寞之餘，只能每日向廟中所供奉的佛虔誠祈禱，盼佛能允她再與男子見上一面。

終有一天她的誠心感動佛，佛現身在少女面前問她：「妳就這麼想再看見那名男子嗎？」

少女答：「是的，哪怕只是再見他一眼，也是好的。」

「如果為了見他，縱使必須失去妳目前的家人與幸福生活，妳也不後悔嗎？」

「永不後悔。」少女決意為愛執著。

「那麼如果告訴妳想與他見上一面，必須得修練五百年才行，妳可還願意？」

「我願意。」少女回答得毫不遲疑。

佛見她心意堅決便將其化作一塊置於荒山中的大石，日夜都得忍受日曬雨淋、寒風刺骨之苦。四百九十九年過去了，為愛所承受的這些苦痛少女雖皆不以為意，但令她幾乎快崩潰的是幾百年來這荒山野嶺之中，竟連一個人也沒能看見，著實令人感到孤絕無望。終於最後一年，一支採石隊伍進入山中看上少女所化成的大石，就將她鑿成條石，運進城裡準備築建石橋。就這樣，少女成了石橋上護欄的一部分。

石橋落成啟用那天，恰是五百年期滿之日。少女終見那名等了五百年的男子由橋的一頭走來，未料卻連看也沒看她一眼，只行色匆匆地經過她身旁，片刻便消失於石橋的彼端。

此時佛再次現身於少女面前，問她：「這下子妳滿意了嗎？」

少女答：「不滿意，為什麼偏偏我只是石橋的護欄而非橋面？否則的話他從我身上經過，那麼我就能碰觸他一下了。」

「想碰觸他一下？那還得再修五百年才行，妳可願意？」

「願意。」

「很苦的，妳不後悔？」

「不後悔。」

這次，少女被佛變成一棵立於熱鬧官道旁的大樹，雖說每天都能看見很多人來來往往，與前一個五百年在荒山上連一絲人煙也不見的情形完全不同，卻教她更加難受。因每當有人出現時，她便會燃起得以與男子相見的希望，然而無數次希望換來無數次失望之後，於她而言無疑更是令人難以忍受的折磨，要不是有前五百年的修練，她很有可能早已崩潰。

月月年年過去了，等待的歲月實在太悠長，悠長到連少女也搞不清楚到底又過了一百年，還是兩百年。但，她的心卻逐漸地安靜下來，因她終於認知若時日未到，那男子終是不會出現。「唉，又要一個五百年！」少女雖知期滿那日，他定會現身，但離那日還要好久好久，久到讓她的心已漸漸地不再那般激動。

終於來了。第二個五百年的等待，少女終於等到那男子仍穿著她最喜愛的那襲白長衫，玉樹臨風般地朝自己走來。他的臉龐看來依舊是那麼俊美，讓人不覺臉紅心跳，少女就這麼癡癡地望著他來到樹下緊靠著自己，然後閉上雙眼睡著了。過了足足一千年，少女終於碰觸到他，但她只是一顆樹，根本無法向男子傾訴這長達千年的相思。她所能做的，只是盡力地將身上的樹蔭聚攏，好為這愛慕了千年的男子稍稍地遮擋毒辣的日頭，且沉浸於兩人相依相偎的幸福時光裡。可惜的是，這千年所換來的幸福僅是片刻，男子睡沒多久後便醒了過來，似乎急著趕路。少女不捨地望著準備動身離去的他，動身前一刻像是想到了什麼，回過頭來看了看，還輕輕地撫摸少女身軀所化成的樹幹一下。

少女滿懷期望地盼著男子可多停留在自己身邊一會兒時，卻見他已一個轉身，頭也不回地走了。

男子身影完全消失在少女眼前那一刻，佛又出現了。

「是不是很捨不得？若想進一步成為他的妻子，那還得繼續修練一千年。」佛說。

少女卻平靜地回答說：「我雖很想，但不必了。」

「喔，為什麼呢？」

「有方才那一刻就夠了，我已知足。愛他，並不一定非做他的妻子不可。」

佛聽了以後，頷首不語。

少女突然若有所思地問道：「我想知道他現在的妻子，是否也同我一樣，曾受盡那多般苦楚？」。

佛微笑，點頭。

少女蹙眉，似有所猶疑，想了許久，最後才總算舒眉微笑地道：「雖然他妻子能做到的，我同樣有自信也能做到，只是，不必了。」

少女竟見佛微微地吁了口氣，不禁詫異地問道：「佛也會有心事？」

只見佛滿臉堆笑地對她說：「沒什麼，只覺得妳的決定甚好，如此一來，有個男孩便可少等妳一千年。他僅為見妳一眼，就已修練兩千年了呢。」

戀愛三次失戀三次的悲情小隻男

小隻男是我認識相當多年的友人，他工作認真、信仰虔誠、相貌端正、對女生也很專情，算得上是好男人。若硬要從他身上挑出一個小缺點，也不過就是身高比我國成年男性的平均值略矮了些而已，殊不知是否就因這小小問題，讓他的愛情之路走來竟格外地艱辛與悲情。

小婷與小隻男是青梅竹馬，他們兩家人因皆於同一所教會做禮拜而結識。初相識時小隻男念小三，那時他第一眼看見才念小一的小婷頭上　著兩條小辮子晃啊晃的實在是可愛極了，便於心中暗下決定，等將來長大以後他定要娶她做自己的新娘子。這決定，直到小隻男上了大學以後都未曾改變過。

為了等待此生中的新娘，小隻男始終沒追求過其他女生，雖然他心知小婷自始至終只將他當成哥哥一般看待。儘管如此，小隻男還是很開心地扮演哥哥的角色，只要有關她的任何要求他都會盡力地去完成，只求自己能默默地陪在她身邊就好。沒料到，小隻男上大學那年，還在念高中的她竟談戀愛了。

當時聽聞她有男友的消息後，小隻男傷心自是不必多言，然而同時，他替她感到十分擔憂，因為她所交的男友他也認識，是個在同所教會中與他們一塊兒長大的男孩。國中時期小隻男還曾與他是同班同學，故對此人他自是知之甚詳，清楚知道這男孩其實是個很花心的人。即使知道又能如何？小隻男所能做的只是向上帝祈禱，希望他最鍾愛的小婷日後不要被男友傷得太深才好。偏偏事與願違，交往才不到半年，小婷的男友便劈腿。然而這畢竟是她最珍貴的初戀，所以受傷頗重。原本一個活潑開朗的女孩，自此變得沉默無言，鬱鬱寡歡。

小婷失戀那段最慘澹的日子裡，小隻男總是抽出最多時間陪伴她、安慰她，他雖不能替她揍那負心漢一頓來消氣，卻可騎車載她四處兜風散心，好舒解她心中的鬱悶。在他照料之下，她慢慢地走出情傷。眼見所愛的女孩又恢復成昔日活潑可愛的樣子，小隻男欣慰之餘更暗自竊喜，似乎感覺她愈來愈依賴自己，如此一來屬於他的春天，應該不遠了。可惜的是他並沒有高興太久，因為很快地，她「又」陷入情網了。她喜孜孜地將新任男友帶來與小隻男見面認識，他臉上雖掛著微笑，心中卻苦澀不已。

「或許我與小婷注定此生無緣，不如好好祝福她，放手吧。」「不行，小婷可是我今生的新娘，我一定要繼續地守護著她，直到永遠。」

兩種聲音在小隻男心中開始劇烈交戰，苦苦纏鬥了數日。最終，他還是順從第二個聲音，決定要繼續守在小婷身邊。這次小婷的戀情持續到她高中畢業以後才結束，且雙方是和平狀態下協議分手，不過就算如此，她還是傷心了好一陣子。這回，小隻男同樣陪伴在她身旁，只不過心中不敢再同上回一樣有任何奢望，唯一所求僅是她能安然快樂就好。

小婷高中畢業後未再升學便謀職就業，直到小隻男大學畢業為止，她都沒有再交男朋友。他們兩人的關係，總維持在一種「友達以上，戀人未滿」的曖昧狀態。小隻男在職場工作一陣子之後，有天他們相約一起吃飯看電影，結束以後小雋男送她回家，在家門口，她輕吻了他的唇一下，然後害羞地轉身進門。

「是吧，是吧？早說過不能放棄，小婷果然是你今生的新娘，沒錯吧。」當年的第二個聲音又跳出來興奮不已地對自己說。

自那之後，雖然小婷沒再說些什麼、做過什麼，但小雋男已自動將自己的定位提升為——「小婷男友」，工作上則更是積極認真，開始朝兩人將來可能會結婚的方向做努力。

一個多月後，小雋男心中還在奇怪小婷這陣子不曉得在忙些什麼，怎麼約她總說沒空之際，卻在毫無預警的情形下從她手中接過一張喜帖。那天見面時，她身邊站了一位高大軍官，她向小雋男介紹說：「這是我準未婚夫，我們認識雖然才一個多月，但已認定彼此，決定要在下個月訂婚。」

真真是晴天霹靂！

「看吧，看吧，早勸你放手，你偏不聽，這下糗了吧？」當年第一個聲音居然在此時跳出來嘲笑他。

小隻男人生中的第一次戀愛，居然是在這麼荒繆的情形下，被女方宣告終結。可是他悲慘的愛情之路至此尚未到達終點，之後他的第二次和第三次戀愛，同樣終結得令人感到有些悲涼。

放棄執著的小隻男終於找到春天

初戀的荒繆結局帶給小隻男很大的傷害，心中自此有了陰影，很多年都不敢再有談戀愛的想法。好不容易有一年他認識了一位在電台工作的女孩，才打開他塵封已久的心靈，使他有想要再戀愛一次的衝動。只是沒多久，他發現她似乎仍和已分手的前男友有所聯繫，雖然她聲稱，和前男友之間不過是僅剩的朋友情誼罷了。於是小隻男選擇相信她，仍持續地和她保持約會，雖然他們的關係始終維持在牽手階段，但他已然認定她就是自己的女友無疑。

有一次女孩以家中有事為由開口向小隻男借錢週轉，他二話不說便將錢借給「女友」，對她自是十分信任。後來她陸陸續續又開口借了幾次，他沒有推拒，前前後後加起來共借出三十萬元左右。

沒想到有一天，女孩竟突然對他說：「對不起，我打算與前男友復合，你放心，欠你的錢日後我一定會想辦法慢慢地還給你。」

就這樣，小隻男又失戀了。狠的是由於當初借貸時沒寫下什麼憑據，所以後來女孩根本一毛錢也未曾還過，這不僅傷了他的心，更大大地傷了他的荷包，幾年工作所攢下的積蓄便這麼付諸流水了。

過了兩年空窗期，小隻男三十多歲，終於認識一位比他年長幾歲、事業有了一定成就的女人。他們之間進展得很快，在一起沒多久小隻男就失身了，從此不再是處男。因有這層關係，這次他心中十分篤定，只待找個適當時機便準備向女友開口求婚。可就在他向對方微微透露些許口風時，女人竟對他說：「其實我已經結婚了，只是目前和先生分居而已。但很抱歉，即使離婚，我也沒有再婚的打算。」

這是小隻男第三次失戀，悲哀的是除了失戀打擊外，他發現自己竟在不知情的狀況下意外成了「小三」。當時受盡愛情折磨的他心灰意冷，乾脆把工作辭了，跑去歐洲自助旅行一段時間。

旅行期間小隻男將心靜下，痛定思痛省思一遍自己的三段愛情以後，有了體悟。小隻男一回想，這才發現他的第二和第三位女朋友，無論外形和個性上皆與小婷頗為相似。

「想不到，我竟一直沒把婷婷給真正放下。」

自那之後，小隻男總算想通，只有把心中那與自己此生無緣的人影給真正放下，那麼他的心才得以自由，才有可能找到屬於自己的那份幸福。

是的，小隻男現在已找到自己的幸福了。他已於 2011 年結婚，目前正在過著平凡而甜蜜的婚姻生活。

凡世間人皆有情，惟需懂得何時緣起、何時緣滅

佛家稱眾生為「有情」，知曉情為天生，故從不反對除了出家以外的在家眾生談情說愛。佛想告訴世間人的是，如何認清情愛本質，既要懂得把握緣起之際，也要能勘破緣滅之時。就是說對緣分執著之人懂得「放下」，即成天使；反之對緣分過於執著不放的人，往往就會化成惡魔。

當今社會上，天天皆能看見許多關於「因愛生恨」的新聞事件，情侶分手以後放不下一念執著便演變成為殉情或者是情殺，要不是傷害自己，就是殺了對方。還有人竟會說出「就是因為太愛你，所以才要殺了你」如此一般的謬論來。甚至就連有些父母在輕生時想把小孩一併帶走，也是一樣的邏輯：「就是因為太愛你，所以才捨不得留下你」。如此以愛為名，把造諸般惡業的行為都賴給了愛，實是曲解愛的本質，也汙衊了愛的美好。

真正的愛，應是無論得到與否，都會希望對方過得好、活得快樂才是。一個真正懂愛的人一定明白當愛來臨時，固可歡喜不盡地全然接受，然而當愛逝去時，亦要懂得放手，如此一來才不會自誤誤人，徒然造下更多糾纏不清的惡業。其實，人只要懂得既有緣起的一天，必有緣盡那一日，如此，又有什麼是放不下的呢？正所謂：「**一切恩愛會，無常難得久。生世多畏懼，命危於晨露。由愛故生憂，由愛故生怖。若離於愛者，無憂亦無怖。**」

以上是金庸小說中所曾提過的一段佛偈，講白了就是——世間情愛乃至生命，皆不可能永恆長存；想窺探愛情的全貌，則需體會「失戀」其實也是戀愛的一部分，無可迴避。若能想通這一點，便不會擔憂畏懼愛情消逝的那一天。

20．「珍惜」讓愛得以在婚姻中延續

■小故事．大啟示■

世上最珍貴的決計不是「得不到」和「已失去」，請好好珍惜手中所擁有的吧。

從前有座香火鼎盛的寺廟，廟的橫樑有隻蜘蛛結了網便住在那裡。想不到這隻蜘蛛因天天聽聞廟中師父唸佛頌經，加上日日受香火薰陶，居然因而成精。如此經過一千多年的修練，成精的蜘蛛已然佛性大增。

有天佛來到廟中，無意間抬眼見樑上的蜘蛛，便說：「你我相見也算有緣，不如我來問你一個問題，看你千年的修練有何成果。」

已具佛性的蜘蛛聽見佛要考牠，自是高興地應允。

於是佛問：「世上什麼最為珍貴？」

蜘蛛想了想，回答說：「應是『得不到』和『已失去』。」

佛聽了以後點點頭，沒再多說什麼便離去。

光陰似箭，一千年又過去，蜘蛛的佛性更高了。這天佛又來到廟中問蜘蛛：「對於一千年前的那個問題，你是否有新的領悟？」

蜘蛛認真地思考過後仍回答說：「還是『得不到』和『已失去』。」

佛聽了以後說：「你再仔細想想，我還會再回來找你。」

歲月如梭，千年時光再度流逝。有一天突然颳起一陣大風，這陣風將草上一顆甘露給吹到蜘蛛的網上。蜘蛛看見亮閃閃的甘露晶瑩剔透很是美麗，頓生喜愛之心，幾天下來牠廢寢忘食地看著它，愈看愈開心，覺得這是自己三千年來最快樂的一段時光。然而不久之後竟又突然颳起一陣大風，把它給吹走了。蜘蛛看著網上少了那顆甘露後變得空蕩蕩的，一股落寞之情油然而生，感覺非常傷心寂寞。

這時佛又現身問蜘蛛：「世上什麼才是最珍貴的呢？」

正難過的蜘蛛想起甘露，於是非常肯定地答說：「是『得不到』和『已失去』。」

佛聽了以後便說：「好吧，既然你如此認為，就讓你去人間走一遭吧。」

佛讓蜘蛛投胎到一個官宦人家，成了官家千金，父母將她的閨名取為蛛兒。一轉眼蛛兒長大成為一名亭亭玉立的少女，芳齡已屆二八年華。

這一年皇帝為要宴請新科狀元甘鹿，特於皇宮後花園中大設宴席，並請來大臣及其家眷作陪，其中包括蛛兒和皇帝之女長風公主。席間俊秀的狀元郎甘鹿大展才藝，可說是詩詞歌賦樣樣精通，令在場所有未出閣的官家小姐皆被他的翩翩風采給迷倒了。這些少女們自是人人有機會，卻個個沒把握，緊張得要命，因為她們不知道到底狀元郎會不會看上自己，只有蛛兒是唯一例外。

蛛兒知道，甘鹿就是當年那顆甘露，她深信他們之間的情緣在佛的安排下，必會於此生開花結果。

過了幾天蛛兒陪母親去廟裡上香禮佛，果然巧遇同樣也陪母親前來拜佛的甘鹿，於是兩位母親就此長談起來，蛛兒與甘鹿則至廟外的長廊上聊天。終能與朝思暮想的人獨處，她十分開心，不過甘鹿卻好像對她沒有特別意思的樣子。

雙方離開以前蛛兒問甘鹿：「難道你忘了十六年前，我們曾在蜘蛛網上朝夕共處的事情嗎？」

甘鹿聽得一頭霧水，只回了句：「蛛兒小姐的想像力未免太豐富了吧？」之後就離開。

回家以後蛛兒想不明白，為何佛既安排她與甘鹿的緣分，卻又不讓他記得自己？就在她百思不解時竟傳來皇帝賜婚的消息，聖旨命令長風公主嫁與狀元郎甘鹿，蛛兒則嫁予太子芝草為太子妃。接到自己即將被賜婚與太子的聖旨，對蛛兒來說無異是晴天霹靂，她萬萬想不到結果竟至如此。

蛛兒明白聖旨既下斷無更改的可能，因而憂思驚懼傷心不已，幾天不吃不喝夜不能寐的情形下，終於生了場大病，眼看就要魂魄離軀香消玉殞了。太子芝草聽聞蛛兒重病的消息急忙趕來，仆倒在病榻前對心愛的女子說：「那日皇宮後花園的狀元宴中儘管群芳競豔，我卻只對妳一人情有獨鍾。於是我苦求了很久，父皇才答應將妳賜與我為妻，如今若妳真這麼走了，那麼我必不能獨活。」

太子芝草說完這番話後就舉起寶劍，意欲自刎。這時佛來了，對著即將離體的蛛兒魂魄說：「蜘蛛啊，妳可曾想過，那顆甘露是由誰帶到妳所結的網上？是由一陣長風所帶來的，最後，也是由那陣長風將它給帶走。所以自始至終，甘鹿都是屬於長風公主的，他之於妳不過是生命中的一段小插曲罷了。而太子芝草，則是昔日長於廟前的一株小草，他立在那裡看了妳整整三千年，愛慕妳三千年，妳卻從來沒瞧它一眼。蜘蛛啊，現在妳覺得，世上什麼才是最珍貴的呢？」

蛛兒聽了佛的話後頓有所悟，答道：「世上最珍貴的不是『得不到』和『已失去』，而是此刻手中所能把握的『幸福』。」

佛聽完以後笑了笑，就消失了。此時蛛兒的魂魄重回肉體，一醒來便立即揮手拍落太子芝草手中的劍，然後將這等了她三千年的人給緊緊地抱在懷裡。

遠距離讓夫妻婚姻關係平添難題

數月前和一位久未見面的友人C君餐敘，由於他平時隻身一人在內地工作，回台的時間並不一定，所以要與他碰上一面並不容易。好玩的是這頓飯我們吃了約莫兩個小時，其間他接了五通電話，卻有四通是老婆所打來查勤並催他趕緊回家的。

身為女人，我頗能理解他老婆的心情。畢竟老公久久才回台灣一次，待的時間往往僅數日，這麼寶貴的時間C君不拿來好好地陪伴老婆孩子，卻用來陪我這老友吃飯，難怪太座要不高興地頻頻來電催促。儘管如此，我還是半開玩笑地對他說：「看來以往你可能有太多不良紀錄，才會讓老婆大人這麼不放心吧？」

聽了我的話後C君不禁搖頭苦笑地說：「家家有本難唸的經。」然後將這些年來他們夫妻倆相處間的種種難題，一五一十地說與我聽。

若要說起他們夫妻倆的事，恐怕這話得重頭說起。其實當初C君與老婆這段婚姻可說是標準「奉子成婚」的那一種，對於一個根本還沒玩夠的男人來說，這樣的婚姻是先天就已不良了，恐怕得需後天夫妻倆皆用心經營才能長久。可惜的是，婚後C君卻選擇以忙碌工作來逃避問題，這時在家帶孩子當家庭主婦的老婆由於長期得不到先生的陪伴與關懷，自是疑心病愈來愈重，變得愈來愈不信任自己的老公。

終日面對老婆的疑神疑鬼，還有整天有如奪命連環Call的「妻來電」查勤，C君心裡總不免抱怨道：「我這麼忙碌還不是為了養這個家，養妳跟孩子，為什麼妳就不能稍微體諒一下我的辛苦，給我多一點信任和空間呢？」他卻沒想到妻子心裡可能同樣也在抱怨：「我只需你多點陪伴與關懷，讓我有多些安全感就好，難道這要求會很過分嗎？」

於是夫妻間想法完全兜不攏的情形下，導致他們不是三天一小吵，就是五天一冷戰，婚姻品質簡直糟糕到一個不行。此狀況下兩人之所以遲遲沒離婚，應「歸功」於他們可愛的女兒。這對僅靠孩子勉強維繫情緣的夫妻，後來偏又遇見一個婚姻上的大挑戰，那就是——C君因工作所需，非得離台遠赴大陸才行。

一般都說愛情裡年齡不是問題，身高不是距離，體重沒有關係，可「遠距離」卻是個充滿考驗的難題。其實婚姻關係上來說，又何嘗不是如此？所以當C君開始於大陸工作以後，夫妻間的問題變得更多，當然就更加難解了。

比如有一次女兒半夜裡生病發高燒，C君的太太只好一個人手忙腳亂地抱女兒去醫院掛急診，她心慌緊張之餘更需先生安慰，可不論她打了多少通電話，卻始終找不到老公。原來那天晚上C君正忙著接待外地而來的重要客戶，根本沒空接電話，翌日等他見有數十通未接來電以後回撥，卻換成老婆負氣不肯接他電話。日後兩人為了此事自是大吵一架，這一吵讓C君原本對女兒的愧疚之心，轉變成為怨對妻子的不夠包容。

又比如為要彌補自己長期不能陪在女兒身邊的缺憾和歉疚，他每次回台時面對女兒的任何要求總有求必應，寵得不得了。如此卻造成妻子不滿，畢竟平時辛苦照顧、管教女兒的人是她，女兒較喜歡的卻是久久才回來一次；有如耶誕老公公般的爸爸，這教她如何能甘心？

「只不過是寵我自己的女兒，難道有錯嗎？」面對老婆的諸般不滿，C君這麼抱怨。

我見C君對老婆諸多抱怨，又想到如今他正在大陸工作，便很直覺地問他一個問題：「所以，你現在該不會是在那邊有了外遇吧？」

女兒的眼淚讓男人在出軌前懸崖勒馬

面對我的問題C君靜默了一會兒，才總算說了聲「沒有」。

他的回答，讓我吁了口氣。不過很快地他又坦白地補了一句：「差一點點。」

C君說前些日子公司來了一位大學剛畢業的女生，雖然兩人年齡相距甚遠，但女孩兒似乎對他頗有好感。有一天女孩跟他聊天時突然抱怨起上海的物價實在太高，尤其是房價。

「每個月光是房租就去了我超過半個月的工錢，這教人要怎麼活下去呢？」女孩語帶嬌嗔地對他說。

他仔細地幫女孩算算，也是，她離鄉自外地來此工作，以一個新人不高的薪資在上海既要租房又得生活，的確挺不容易。C君一時心軟便對女孩說：「我現在所住的單位有間空房，空間很小，如果妳不嫌棄，我便宜租給妳吧。」

女孩一聽十分開心應允，就這樣開始與C君的「同居生活」。可是孤男寡女共處一室，一天兩天也就罷了，長久下來真不會出問題嗎？我實在是有些懷疑。C君此時坦承夜闌人靜寂寞難耐之際，曾有好幾次不自覺地走到女孩房門前，舉起手來想要敲門，但最後，終究還是把手給放了下來。

「我有把握若是敲門，門應該會開，也猜得到接下來會發生什麼事情。而我之所以沒這麼做的原因，是因為想到我女兒的眼淚。」

每次C君回台探望女兒，小女孩總是好高興爸爸回來，幾乎整日黏著他不放。可是等他要離開時，女兒就會不捨流淚地抱著他說：「爸比，我會乖乖聽媽咪的話，在家等你，你要趕快回來喔。」

「我很害怕萬一我做錯了事，從此再回不了家，那麼就會失去我的寶貝女兒。」C君如是說。

當天餐敘結束離開以前，我祝福C君的婚姻能愈來愈好，期盼他能珍惜身邊人，並時時把持住想將女兒守護好，那顆充滿父愛的真心。

得不到的不一定是最珍貴，反而握在手中的才更值得珍惜

近日讀到方才文中所提到的那篇蜘蛛與芝草的故事，不免想起C君的事情

來，我設想他就是蜘蛛，他的妻女是芝草，而那位大學剛畢業的女孩是甘露，她未來的夫君則可能是長風。果真如此，那麼C君該做何選擇，便十分清楚了。

如今社會上劈腿風氣普遍，離婚率節節升高，我想即便佛祖在世也來不及讓每個人都看清自己的前生今世，令每個即將背叛出軌、欲棄伴侶於不顧之人皆能即時明白，會不會身邊那個已不再放於心上的伴侶，其實就是那株等待自己三千年的小小芝草？

就算佛祖沒有現身親自開示，不是有句古話說是「千年修得共枕眠」嗎？由此可知，夫妻間的情緣就算不如蜘蛛與芝草般修練三千年方始有成，至少也是千年以上的難能可貴啊。何況夫妻間若是有了愛的結晶，這其中的情緣牽扯只怕還要來得更深、更遠，所以說夫妻之情實值得人們好好地珍惜呵護，才不致於白白地辜負。

不過的確，夫妻間由於相處下來每天都是柴米油鹽、尿布、奶瓶等諸般煩瑣事項，若加上彼此不能相互包容體諒，長久下來免不了會逐漸地相看兩生厭。其情景恰如知名作家張愛玲在《紅玫瑰與白玫瑰》小說中所說的，結婚久了才發現——**到手的紅玫瑰變成牆上的蚊子血，而到手的白玫瑰則變成掉在桌上的米飯粒**。

即便如此，若能時常念起，對方有可能只為此生與你相遇，而獨自苦苦忍受千年之久的等待，如此是不是較能對你的伴侶有多一些珍惜之心呢？其實只要懂得珍惜，就能產生更多體諒與包容，那麼反過來——**牆上的蚊子血自然能看做是到手的紅玫瑰，而桌上的米飯粒亦能視之為到手的白玫瑰囉**。

最後要叮嚀的是，魔鬼通常會引誘你：「世上最珍貴的是『得不到』和『已失去』。」天使卻往往要告訴你：「此刻握在手中的才是真幸福。」

21．P.S. 我愛妳／P.S. I Love You

■小故事．大啟示■

緣聚請珍惜；緣盡好放手。

有位修士一路拜訪過很多地方，路上不斷聽聞有人說，舍衛國的居民大多仁慈懷有孝心，於是心生敬仰，便不遠千里跋涉來到舍衛國。

修士途經一片田野，見一老一少兩名男子正在田裡耕種忙活。少年忙的時候一不小心，將犁頭砸中蛇的洞穴，裡面的毒蛇被激怒，於是怒從穴中爬行至洞口，狠狠地咬了少年一口。老農夫見少年被蛇咬，竟還不慌不忙地持續工作，絲毫不急著要去救他。沒多久，少年便毒發身亡，就此一命嗚呼。

修士見狀覺得很訝異，便問老農夫說：「那被蛇咬死的少年是誰家的兒子？」

老農夫回答說：「是我的兒子。」

「既是你的兒子，他被蛇咬怎不見你去救他？現下他死了怎麼你還有心情在田地裡頭工作呢？」

「世間事物皆有成毀之日，」老農夫繼續地說：「哀痛啼哭，以致不吃不睡，於逝者有何益處？我家住在城東，麻煩請修士進城時轉告我的家人，就說我兒已死，所以今日中午不必送兩人份的飯菜來，只一人份就夠了。」

聞言，修士感到十分愕然，不過還是依老農所言來到其農宅。到了之後見到老農婦，便將少年被毒蛇咬死的事情說與她知曉，且還將老農夫所吩咐的話帶給她。豈料說完以後，仍不見老農婦臉上有任何哀悽痛楚的神情，於是修士當下便不可思議地問道：「兒子死了，難道妳一點也不覺得難過嗎？」

「何需難過呢？子女於父母而言不過是一生之中的過客，來時不忍拒絕；去時也毋需傷懷。此中有時限，悲痛何愚？」老農婦如是說。

緊接著，修士將這起噩耗告知已逝少年家的姐姐與其老奴，說完之後仍不見他們有任何悲傷之情。

最後，修士將這起惡耗告知少年的新婚妻子，料想夫君一死她必當痛苦難熬。豈料新婚少婦聽完他所敘述之後竟說：「夫婦結合乃因緣所致，緣盡則分離是再自然不過的事情了。就好像林中鳥兒共棲一枝，天明以後便又各飛東西。總之壽命緣份皆有定數，何需哀哭難過呢。」

修士見已逝少年的家人皆如此這般冷血無情，當下心涼了一大半。他一路行走，來到祇洹精舍面見釋迦如來，忍不住將老農夫一家的事情說了出來。

如來聽完他所述，不禁地讚道：「少年家中這五位親人皆乃樂天知命，知曉人世無常。事實上人死了，並非真的了結，從無量劫來，生死流轉毫無止息，一期餘殃或餘福，如影隨形。眾生之業重，沉淪長劫，而修十善之人則招來福報，只是福報已盡，仍墮落，在生死海中無處歇腳，此即芸芸眾生相啊。」

因為愛，所以才痛其失去

這篇文章，是特別寫給一位曾經失去摯愛的女性友人。

相信很多朋友數年前可能有看過一部電影《P.S. 我愛妳》，我也看過。

當初想看這部片子，只單純是想看一部文藝愛情片。電影初上映時，我從新光三越的環球影城看見它的海報時便很想看它，說不上為什麼，只是因海報簡單的色塊與畫面的組成吸引我，不過就算再怎麼想看還是決定等它下檔以後再租片子回家看。老實說女主角希拉蕊史旺（Hilary Swank）並不是個非常亮眼美麗而性感的女明星。上網查了一下，發現她演過幾部著名片子，像是：《針鋒相對》（Insomnia）、《地心毀滅》（The Core）、《男孩別哭》（Boys Don't Cry）、《黑色大理花懸案》（The Black Dahlia）、《登峰造擊》（Million Dollar Baby），還有那年剛下檔的《P.S. 我愛妳》（P.S. I Love You）。

其中《登峰造擊》與《P.S. 我愛妳》兩支片子的共同處即「生與死」的探討。

這部片子有個很特別的地方，就是它的「序幕」特別長，大約有十幾分鐘長度。序幕情節敘述女主角荷莉與丈夫傑瑞為了生小孩一事爭吵，荷莉希望婚後存幾年錢、買了房子才生小孩，而傑瑞則認為世上有很多人即便沒有錢也照常結婚生子，反正一切船到橋頭自然直，荷莉卻不這麼認為，目前生活讓她很沒有安全感，她無法在這種情況下生兒育女，然後去等待所謂的「船到橋頭自然直」。由於兩人有深厚的愛情與對彼此的瞭解作為婚姻基礎，所以即便吵得再兇還是很快地能夠「床頭吵、床尾和」。記得荷莉跟傑瑞說了這麼一句話，她說：

「有錢人買大房子生小孩，我好怕我們沒有那樣的人生。」

傑瑞則說：

「我們已經在過我們的人生了。」

序幕之後，劇情急轉直下，直接跳至傑瑞因病往生，他的家人在萊利太太（荷莉的母親）的泰迪酒吧所舉行的一場溫馨告別式場景。原著小說裡，似有傑瑞生病荷莉照顧他的情節，但電影的重點不放在這，而是放在荷莉回憶過往，靠傑瑞所寄給她的信件，走出傷痛的情節上。我覺得如此急轉跳接很棒，算是一種創新安排。傑瑞的告別式裡，一曲很特別而愉快的；傑瑞生前所唱的歌曲上場，沒有任何悲傷呈現，卻十足令人鼻酸。才三十五歲的年輕歲月因腦瘤而劃下終點，徒留不捨他的年輕妻子荷莉日後必須孤單一人獨自生活。這便是「死亡」分開兩人，最讓人感到唏噓而又無奈之處。

第二個特別劇情的安排，是在傑瑞的告別式上，未婚卻一直渴望找到真命天子的丹妮絲（荷莉的好友）一直在尋覓她的獵物，只要看見順眼的男人，立刻就會上前問道：

「你單身嗎？」

「你是同性戀嗎？」

「你有工作嗎？」

在一個肅穆悲傷告別式的氛圍裡，丹妮絲這橋段是個笑點，足以沖淡生死兩隔劇情所帶給觀眾的難過情緒，將傷痛給稍稍地平撫了下來。

告別式的聚會還沒結束，荷莉跟朋友已聊不下去。她跟母親說想回家，母親則說，很快地回歸生活是件好事，便沒再強留她在泰迪酒吧裡。於是她抱著傑瑞的骨灰罈回家，一片闃黑的屋子空洞寂寥，再沒人可伴她或是為她開燈、關燈。她掙脫掉身上的衣服上床，拿手機一直撥電話到傑瑞生前的租車公司，因為一打過去就能聽見他的電話留言。她就是靠著電話留言裡他的聲音陪她才能夠入睡。是的，她如此藉由腦海中的記憶，一次次地安撫哀慟苦楚的心靈。然而，過往記憶雖能安慰人，卻也往往最傷人，讓傷心的人毫無招架之力，一時之間便澈底崩潰。

傑瑞過世不久後就是荷莉三十歲生日。生日當天荷莉的母親、妹妹與好友雪倫、丹妮絲、約翰到她公寓裡看她，一直走不出喪失至愛痛苦的荷莉足足有三個禮拜沒有洗澡也沒有打掃，雪倫為她整理儀容、塗指甲油，她悲傷地說是不是可就此遺世孤立，獨自一人在此終老？雪倫則說：「**有錢人才能瘋，中產階級的人根本沒有發神經的本錢。**」這句對白拉出沒什麼錢的一般小人物，必須得為生活打拼的無奈，即便再傷心也只有傷心一下子的權利，「生活」遠比傷心更為迫切，且真實無奈。

人雖遠逝，其精神仍永遠常在

荷莉整束好儀容，親友要為她慶生的同時突然收到一個大包裹，裡面除了一個生日蛋糕外還有一台傑瑞所留下的收錄音機，上面貼了張「PLAY ME」的小紙條。錄音帶裡傑瑞告訴妻子，要好好地打扮然後出去慶生，往後他會以各種不同的方式寄信給她。這些信勢必會成為荷莉在傷痛之中的安慰，於是她開始期待著那些傑瑞要寄給她的信。當然傑瑞已經走了，根本無法將信件寄予妻子，這些無法親自寄出的信件是他生前早就安排好了的，每一封都代表他對妻子的愛與不捨，在臨終的時候，他要她知道。

傑瑞寄給荷莉信中所提及的每件事情，都是他與荷莉曾一起做過的事，有著兩人共同的回憶……，每收到一封信則代表荷莉又再一次回憶往昔，往事歷歷在目令她難以忘懷，就好像傑瑞不曾離去，還在她身邊寸步不離地守護一般。

生日隔天早上，荷莉收到傑瑞的第一封信。他叮嚀她去買盞床頭燈，免得老是撞到。再來則是要她去買件辣妹裝，等收到下一封信的時候自然會用得到。他並在信上提及知道她討厭現在的工作，他會提示她，好讓她能夠得知自己想做的究竟是什麼。她聽了信上傑瑞的叮嚀去買了盞床頭燈，躺在床上玩床頭燈的同時她喃喃自語地對著空氣說話，她說：

「我知道你還在……」

第二封信，傑瑞要荷莉穿著新買的辣妹裝去卡拉ＯＫ唱歌。荷莉回憶跟傑瑞第一次去卡拉ＯＫ唱歌時，自己被傑瑞以激將法給逼上台去唱歌卻不慎摔斷鼻樑骨的情景……

第三封信，傑瑞安排荷莉跟雪倫、丹妮絲一起去愛爾蘭渡假。荷莉回憶起第一次去愛爾蘭邂逅傑瑞，兩人墜入愛河的往事……

故事裡的荷莉就是依靠著這些傑瑞所寄給她的信去復習自己與心愛丈夫之間的往日情懷。傑瑞還在的時候兩人雖吵吵鬧鬧，但就是因生離死別之故才會讓她明白自己對丈夫的愛到底有多麼深。她深陷失去至愛的陰霾而走不出的同時，有好友雪倫與丹妮絲的支持，母親與妹妹的關懷，加上傑瑞的信件，她才能在傷痛之中再度站起來，最後找到自己的最愛——設計女鞋。我相信這會是一份適合她也是她最喜愛的工作，因為傑瑞的離去讓她找到了自己。雖然陰陽兩隔是人世間最悲慘的事情，但怎能不歸功於傑瑞冥冥之中的幫助呢？傑瑞對妻子說，謝謝妳讓我成為妳的夫婿，然而同樣的，傑瑞的存在也曾深深影響荷莉，如果說荷莉在人生旅途上有所斬獲，怎能不謝謝傑瑞在她人生中所寫下的這一篇章呢？

逝者已矣，來日可追

不論男女之愛、夫妻之情、手足之情、友情抑或與父母間的親情，總有這許多喜怒哀樂不同的篇章，人生才有意義，生命才不至於枉然。雖說有些章節之於人們是有些困難，甚至學習過程中總免不了哭得浠瀝嘩啦，但事過境遷以後，相信每個人最終都能明白老天用心良苦的安排。最重要的是歷經痛苦時，千萬勿要讓負面黑暗的魔鬼力量，箝制住自己，只一味沉溺於悲傷之中。這麼做，無益於人、己，更無法使逝者復生，卻反倒會傷害身邊關愛自己的親人朋友。

如果，曾有過失去至愛或伴侶的經驗，「哭泣」雖是一種情緒抒發，然而宣洩過後請記得，你唯一能做的就是——**過好自己的日子，讓未來儘可能地走向幸福**。唯有如此，才能讓逝者安然，而你與周遭人的日子才得以繼續過下去。

生老病死是生命常態，亦是每人的生命歷程，如能有這番瞭解，那麼即便是傷痛也只是一段時間，相信不久之後你必能走出陰霾，並迎向屬於自己的美好未來。

Postscript——魔鬼就藏在人生的細節裡

當初要寫這本有關「魔鬼與天使」的書時，就覺得，這是一個十分嚴肅的主題。如此嚴肅主題，該以何種方式書寫，方不致於讓讀者朋友覺得既枯燥又乏味？相信讀完本書之後，你一定發現了，幾乎每一篇文章的開頭，我皆是**引用介紹佛教經書上所開示的故事，或是網路流傳有關「佛」的小故事作為切入點**，接之再以自身、朋友或者親眼親耳所見所聞的真實故事，改編之後成為你現在所閱讀的這本書——《你心裡的魔鬼與天使》。

是的，天使與魔鬼，總是在你我心中不斷拉扯。這便是你我時常覺得內心疼痛掙扎的原因。人生的細節裡，總時常有天使與魔鬼在做拔河賽，有時天使勝了，有時則是魔鬼贏了。

不論年少年老、男人女人、貧窮或是富有，每個人心裡其實同時皆藏有

「天使」與「魔鬼」，且不僅大處易見，小事更能察覺。

天使的存在，能引人偏往良善的一面，祂在心中的分量愈重，人的行為也將愈合乎真理公義。然而魔鬼藏諸人生細節，隨處隨事可見，稍有不慎，即會引人跌至罪孽淵藪，就此沉淪甚或無可自拔。

論及所謂內心的魔鬼，自然會聯想到與善惡有關。可是有一種魔鬼，非關善惡，若一旦相與，便有可能使人心封閉、沉淪，甚至是毀滅。此等如此可怕的魔鬼是什麼呢，那就是會使人膽戰心驚、畏葸怯懦的魔鬼。

是的，相信你一定時常有過「畏懼害怕」的心態或者情緒反應，可能是在面臨考試競爭、謀職就業、愛情婚姻，或執行某項事件、追遂某個夢想的當下。因為對前途未來的無可預知，對結果的無可控制，而感到前所未有地害怕不安。這種害怕不安，除了因當下看不見結果所致之外，其最主要原因乃在於你不相信自己，自信心不足。為什麼人常會有不相信自己、自信心不足的情形產生呢？關鍵在於社會化過程中，人們接收太多負面訊息的教導、接觸負面思維的人、因環境使然，或因只著眼於自己的短處，卻未曾仔細發掘自身的優勢所致。正因時常感到害怕、擔心，對自己的信心不足，所以人生旅途中，你必須不斷克服害怕，如此才得以繼續前進，最後完成自己所該做的每件事情。

我個人的工作，相信熟悉我的讀者朋友皆知，是電視劇本撰寫，以及一般類型小說或社科書的寫作。這在一般人眼裡，可能會是個令人豔羨的工作，因為可以自己成為自己的老闆，毫不受限制，愛在哪寫東西就去哪寫，如果可以的話手提電腦帶著，去咖啡館、去茶館、去旅遊住宿時，皆可寫作。如果你是這麼認為的話，很抱歉我的答案並非如此。我是一個寫作中絲毫不能有任何人待在一旁的創作人，只要稍有點動靜，就會干擾我的注意力。我是個很不能夠專心又超沒耐心的人，唯獨「寫作」這份工作能引我傾注所有注意力與熱情，讓我能夠耐心執行，所以說能做得了文字工作，還當真是老天爺賞飯吃，值得感恩。

雖說自由創作這行業，很多人羨慕，然而有個一般人可能知曉卻會忽略的重點就是——有接案才有收入，案子接得少，收入隨之減少。換句話說，就是不如每天固定外出至辦公室工作的上班族那樣，每月至少有筆固定穩定的薪資收入。為什麼會提到這個呢？之所以提這個，是要告訴你，魔鬼常會藉由這件事情來使我憂慮、害怕，我必須時時刻刻將自己的思考調整至正面狀態，為自己信心喊話：加油，磊瑄妳可以的，妳是最好最棒的，所接的案子都不會有問題，一定都能順利，且案子肯定會愈接愈多。如果，工作過程中有不順的細節產生，我便會這麼告訴自己：所有不順細節的發生是老天磨練，是要讓我有所學習，而這些不好的事情背後，絕對會有更好、更值得期待的事情即將來臨。

生命中最困難的事情之一，就是征服自己；征服自己給自己的限制、征服自己對於諸事感到害怕的一顆心。「害怕」是一個如影隨形、無處不在的惡魔，他箝制著你的心，讓你時時處於不安。

然而究竟該怎麼做才能抵禦心中有關「害怕畏懼」的惡魔呢？其實最好的方式，就是我上段文中所提到的，應以「正向思考」的力量來對付他，而最好的手段，就是時時刻刻記得要培養自己的自信心，發掘自己的優點與強項，藉以增強自信心。如果能以「正向思考」為法、以「自信心」為手段，那麼要打敗心中有關「害怕畏懼」的惡魔，便再也不是那麼困難的一件事情了。

人生在世，永遠皆處於征服狀態，征服「害怕畏懼」是一輩子的功課。當你正為某人某事某物感到心慌且害怕時，請記得，一定要對自己多加信心喊話，甚至要與家人朋友以「愛」互為聯結，大家一起攜手同行，如此才能真正征服心中所謂「害怕畏懼」的惡魔，從而走向幸福，且迎向光明未來。祝福每一位讀者。

徐磊瑄

你心裡的魔鬼與天使：正向思考的力量

作　　者　徐磊瑄、高建成

發 行 人　林敬彬
主　　編　楊安瑜
編　　輯　黃谷光
內頁編排　詹雅卉（帛格有限公司）
封面設計　鄭秀芳

出　　版　大都會文化事業有限公司
發　　行　大都會文化事業有限公司
11051台北市信義區基隆路一段432號4樓之9
讀者服務專線：(02)27235216
讀者服務傳真：(02)27235220
電子郵件信箱：metro@ms21.hinet.net
網　　址：www.metrobook.com.tw

郵政劃撥　14050529 大都會文化事業有限公司
出版日期　2013年10月初版一刷
定　　價　250元
ISBN　978-986-6152-89-4
書　　號　Growth-066

First published in Taiwan in 2013 by Metropolitan Culture Enterprise Co., Ltd.

4F-9, Double Hero Bldg., 432, Keelung Rd., Sec. 1, Taipei 11051, Taiwan
Tel:+886-2-2723-5216　Fax:+886-2-2723-5220
Web-site:www.metrobook.com.tw　E-mail:metro@ms21.hinet.net

Cover Photography: front, imageDJ/D136-047

大都會文化
METROPOLITAN CULTURE

國家圖書館出版品預行編目資料

你心裡的魔鬼與天使：正向思考的力量 / 徐磊瑄、高建成著. -- 初版. -- 臺北市：大都會文化, 2013.10
256 面；21×14.8 公分.

ISBN 978-986-6152-89-4（平裝）

1.自我肯定　2.成功法

177.2　　102019098

大都會文化　讀者服務卡

書名：**你心裡的魔鬼與天使：正向思考的力量**

謝謝您選擇了這本書！期待您的支持與建議，讓我們能有更多聯繫與互動的機會。

A. 您在何時購得本書：______年______月______日

B. 您在何處購得本書：____________書店，位於____________(市、縣)

C. 您從哪裡得知本書的消息：

1.☐書店　2.☐報章雜誌　3.☐電台活動　4.☐網路資訊

5.☐書籤宣傳品等　6.☐親友介紹　7.☐書評　8.☐其他

D. 您購買本書的動機：（可複選）

1.☐對主題或內容感興趣　2.☐工作需要　3.☐生活需要

4.☐自我進修　5.☐內容為流行熱門話題　6.☐其他

E. 您最喜歡本書的：（可複選）

1.☐內容題材　2.☐字體大小　3.☐翻譯文筆　4.☐封面　5.☐編排方式　6.☐其他

F. 您認為本書的封面：1.☐非常出色　2.☐普通　3.☐毫不起眼　4.☐其他

G. 您認為本書的編排：1.☐非常出色　2.☐普通　3.☐毫不起眼　4.☐其他

H. 您通常以哪些方式購書：(可複選)

1.☐逛書店　2.☐書展　3.☐劃撥郵購　4.☐團體訂購　5.☐網路購書　6.☐其他

I. 您希望我們出版哪類書籍：（可複選）

1.☐旅遊　2.☐流行文化　3.☐生活休閒　4.☐美容保養　5.☐散文小品

6.☐科學新知　7.☐藝術音樂　8.☐致富理財　9.☐工商企管　10.☐科幻推理

11.☐史地類　12.☐勵志傳記　13.☐電影小說　14.☐語言學習（_____語）

15.☐幽默諧趣　16.☐其他

J. 您對本書(系)的建議：

____

K. 您對本出版社的建議：

____

讀者小檔案

姓名：______________ 性別：☐男　☐女　生日：____年____月____日

年齡：☐20歲以下 ☐21～30歲 ☐31～40歲 ☐41～50歲 ☐51歲以上

職業：1.☐學生 2.☐軍公教 3.☐大眾傳播 4.☐服務業 5.☐金融業 6.☐製造業

7.☐資訊業 8.☐自由業 9.☐家管 10.☐退休 11.☐其他

學歷：☐國小或以下 ☐國中 ☐高中／高職 ☐大學／大專 ☐研究所以上

通訊地址：______________________________________

電話：（H）______________（O）______________ 傳真：______________

行動電話：______________E-Mail：______________________

◎謝謝您購買本書，也歡迎您加入我們的會員，請上大都會文化網站 www.metrobook.com.tw 登錄您的資料。您將不定期收到最新圖書優惠資訊和電子報。

你心裡的

魔鬼與天使

正向思考的力量

北區郵政管理局
登記證北台字第9125號
免　貼　郵　票

大都會文化事業有限公司

讀　者　服　務　部　　　收

11051台北市基隆路一段432號4樓之9

寄回這張服務卡〔免貼郵票〕
您可以：
◎不定期收到最新出版訊息
◎參加各項回饋優惠活動

大都會文化
METROPOLITAN CULTURE

大都會文化
METROPOLITAN CULTURE

大都會文化
METROPOLITAN CULTURE

大都會文化
METROPOLITAN CULTURE